后浪

李小龙信札

功夫、表演和生命

〔美〕李小龙 著
〔加〕约翰·里特 编
李倩 译

Letters
of
the
Dragon
Correspondence,
1958–1973

天津出版传媒集团
天津人民出版社

献　词

致所有写信者

想要真正了解过去,历史学家可能会着眼于政权更迭与硝烟四起的特殊年代,而我们以作者的角度则认为,寻真便是要去问那些提笔写信之人。正如阅读一些著名随笔家和日记作家们——佩皮斯[①]、鲍斯韦尔[②]、圣西门[③]——所写的私人文稿和日记一样,信札也能"为我们掀开大事件背后的一方袍角,提醒我们历史也曾是真实可触的生活"。社会历史与个人经历在信函中穿插交汇,使之成为所有文学中最私密的一种形式。

有人说,文学到了夜晚就是戏剧。若果真如此,那文学创作者的所思所想到了夜晚也就是书信了。因为我们的激情、渴望和最真实的自我,全都扎根于最幽暗的内心深处,远在那些肤浅琐事之外。G. K. 切斯特顿[④]曾将信箱喻为"语言的庇护所",并补

[①] 塞缪尔·佩皮斯(Samuel Pepys,1633—1703),英国作家、政治家,著有《佩皮斯日记》。——译者注
[②] 詹姆斯·鲍斯韦尔(James Boswell,1740—1795),英国传记作家,现代传记文学的开创者,著有《游赫布里底诸岛日记》《约翰逊传》。——译者注
[③] 圣西门公爵(Duc de Saint-Simon,1675—1755),路易十四时期法国贵族学者,著有《圣西门回忆录》。——译者注
[④] G. K. 切斯特顿(Gilbert Keith Chesterton,1874—1936),英国作家、文学评论者和神学家。——译者注

充道："寄信是为数不多的纯粹浪漫之举,因为凡属纯粹浪漫之事,都必定不可撤销。"

最后,本书要献给那些理解信函真谛之人。他们看重的是这些雁寄鱼传的纸页揭示和珍藏了一个人真实的灵魂,并使之由此永存,不受岁月摧折。正因如此,我们才会对埃洛伊兹[①]写给恋人阿伯拉尔[②]的信笺感同身受:

> 试问,有什么是书信所不能激发的?它们有灵,善言,充盈着直抵人心的力量,燃烧着我们的全部激情。即便说见字如面,也毫不夸张。它们讲话轻柔又精妙,有时甚至还能听出一些大胆的弦外之音。书信最初就是用来安慰如我这般孤独可怜之人的吧!不能饱尝那拥你入怀、双目对视的浓情滋味,我只得在你的字里行间寻获安慰,从而稍稍填补一点我的失落。在信里,我能读到你最崇高的思想。

约翰·里特(John Little)
琳达·李·卡德韦尔(Linda Lee Cadwell)

---

① 埃洛伊兹(Heloise,1101—1164),中世纪法国学者、哲学家,其最为人称颂的是她和阿伯拉尔不渝的爱情以及他们互通的书信,两人的爱情故事最终以悲剧收场。——译者注
② 皮埃尔·阿伯拉尔(Pierre Abelard,1079—1142),中世纪法国哲学家、神学家,埃洛伊兹的家庭教师和恋人。——译者注

目 录

前 言 / 1
序 言 / 5

第一部分　探索美国
　　　　　（1958—1963 年）/ 1

第二部分　从功夫到《青蜂侠》
　　　　　（1964—1966 年）/ 23

第三部分　截拳道与培养旷达精神的艺术
　　　　　（1967—1970 年）/ 91

第四部分　一颗冉冉升起的新星
　　　　　（1971—1972 年）/ 171

第五部分　最后一年
　　　　　（1973 年）/ 217

李小龙生平年表 / 235
致　谢 / 239
出版后记 / 241

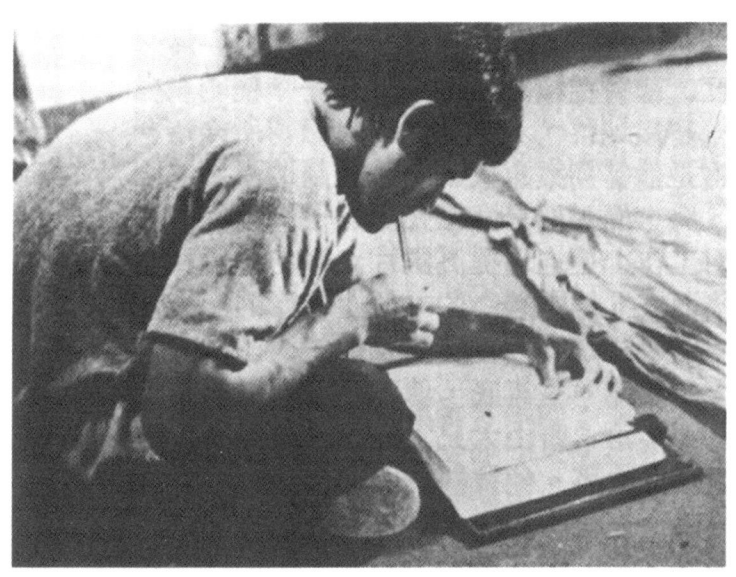

前　言

典　范

"祸兮福所倚。"小龙在给朋友兼同僚李俊九的一封信中写过这句话。真正的挑战是要耐心等待幸福机遇的一步步靠近，并且在其眷顾于己时欣然领会。

碍于无力支付高昂的长途电话费，小龙的书信史长达十五年之久，而在这十五年里，他笔下的这种"灾祸"经常伴他左右。差不多及至他生命的最后一年，小龙依然习惯性地给家人、朋友和同行去信，在信中与他们交流思想和情感，而今看来，这些信又何尝不是一种福祉！由此，我们无须借助模糊的对话回忆去了解他，我们手握着这个一生致力于自我表达的人的亲笔信札。在电影里，小龙以"武术"向这个世界表达自我。而在这些信件里，小龙毫无保留地袒露了他真诚的灵魂，我们可以从中窥见他私下能言善辩的性格。

而我最引以为幸的一点是自己曾收到过小龙那么多的来自书信中的肺腑之言。每当我重温他的书信，一波波回忆的浪潮便席卷而来，小到生活中的点点滴滴，大到决定命运的人生大事。小龙在信里对家庭生活多有着墨——小事居多，例如谁来照顾狗狗，航班什么时候抵达；其间也穿插了些许足以改变人生轨迹的

大事,例如孩子的降生、亲人的辞世。大抵也和大多数人的生活无甚区别,但在这些信中尤有一点与众不同——实现梦想的典范。

阅读小龙的信札,你要从中寻找的最重要的一样东西便是他逐梦的典范。小龙艺术性表达的核心主旨是什么?你能如蝶变般去粗取精,从小龙笔下点出这一主旨吗?你能看到它舒展双翼、凌空飞远了吗?这一主旨也许现在有了新的形式,但当它停在人类进步的高阶上休憩时,你能近距离地观察它吗?理性地计划——履行——达成。这就是小龙。这就是他实现梦想的方式。

还是用小龙自己的话来说吧,我从他的书信里摘取了一些他所阐释的典范和中心思想:

- 功夫是我生命的一部分——武道影响了我性格和思想的形成。
- 我的计划和奋斗的目标是找到生命的真谛——内心的平静。
- 不要把精力浪费在焦思苦虑或消极的念头上。
- 成败并不重要,重要的是它对一个人的心灵造成了何种影响。只有灰心丧气之人,才会彻底落败。
- 我最珍视的是品质:以负责任的态度和一流的技艺竭力做到最好。
- 千锤百炼的身躯,加上坚信"我能行"的信念。
- 生活中发生了什么并不重要,重要的是我们会如何应对。

最后一条已成了我的人生信条,尤其是在我悲痛欲绝之时。生活时好时坏。但正是我们在应对这些美好与不那么美好时所做的选择,最终决定了我们各自的性情。

人生几乎就是一种选择,选择如何应对发生之事。仔细看看小龙的人生选择,看看他做出那些选择的过程。请记住,这些信只不过是他内在智慧的冰山一角罢了。"李小龙图书馆"[①] 丛书的其他书还集结了他的散文、笔记、谈话录、采访稿,完整地呈现了一位享年三十二岁就已高度成熟之人。

"如能善加利用,生命已足够悠长。"罗马哲学家塞涅卡[②] 曾如是写道。毋庸置疑,小龙深知如何善用他那短暂的一生,而至

[①] "李小龙图书馆"(Bruce Lee Library)是由约翰·里特编辑整理、波士顿查尔斯·E.塔特尔出版公司出版发行的系列丛书。
[②] 吕齐乌斯·安涅·塞涅卡(Lucius Annaeus Seneca,约公元前4年—公元65年),古罗马政治家、哲学家、悲剧作家和雄辩家。——译者注

于他的一生能否称得上"悠长",并非你我能盖棺定论之事。

琳达·李·卡德韦尔

附:

小龙的母语是广东话,他自十二岁开始学习英语口语和写作。小龙第一天去英语学校上学时,还闹了个有趣的笑话。老师要求学生们写下自己的英文名。小龙没听懂老师布置的任务,就看了邻座同学的答案,抄下了那个男孩的名字。

终其一生,小龙基本都用中文思考,连说梦话都是汉语。然而,他的英语掌握得也不差。他专门学过英语会话——一种新兴的自学模式——他的藏书中还有大量关于英语谚语和英文表达的书。小龙的写作能力无人能及,文法也分毫不错。我念大一时,他替我写过一篇论文,因为我眼看就要完不成自己的功课了(主要是拜小龙的干扰所赐)。

当然,他信中的文法并非全都那么一丝不苟。虽然他比好些以英语为母语的人都更懂这门语言的语法,但寻常写信,他也并非总会花时间组织完美的句式。在写这些信时,小龙的所思所感于信纸上奔腾漫流,用中国话来说,即思如泉涌、走笔如飞。

序　言

你手捧的这本作品相当于李小龙的私人相册，其中的每一封信都代表着他生命里的一个事件、一张快照，原汁原味地重现着他当时的真情实感。

作为20世纪最具魅力的风云人物之一，这里的每一封信都是他生命中的一块里程碑。阅读本书，你将与十八岁的李小龙一同漂洋渡海，首次重返他出生地美国。你会了解他胸中的蓝图、壮志与梦想（用他自己的话说，即"切实的梦想"），见证他坚定不移地达成所愿，目睹他的生命开花结果。

你会与他并肩而立，看着他开始在美国推广彼时尚无人知晓的功夫，分享他曾向木村武之等人言及的深刻哲思与武学建议。木村不仅是他最信任的友人，也是他在华盛顿州西雅图市设立的第一所正式武馆的助教。

你将目睹他最具创造力的时期，当年他的宏愿刚刚起步，誓要创立独树一帜的武学体系。而他播下的种子最终长成了武术界的一棵参天大树——推崇人性自由和自我表达的截拳道。

20世纪60年代中叶，李小龙拿到了电视短剧《青蜂侠》（The Green Hornet）中的"加藤"（Kato）一角，成功开始向其招手。然而，这部剧后来却一度化为泡影，好莱坞几乎将这个充满激情的年轻人拒之门外，阖上了其演艺事业的大门。这一时期，你将会看到他在重压下尊严不移、优雅尽显,绝无自怨自艾之态,反而积极地为友人加油打气,例如鼓励跆拳道大师李俊九以及他自己的弟子拉里·哈塞尔。

除此之外,你还将一窥李小龙在面临诸般挑战时与爱妻琳达的往来通信,从中了解到他和家人分隔两地的痛苦,他对孩子的深爱及打心眼里的自豪感,他为终能以一己之力养家的喜悦,他对20世纪60年代末那些"喷气机阔佬"①的失望,以及他和一些名人的交情、友谊,包括罗曼·波兰斯基②、詹姆斯·柯本③和史蒂夫·麦奎因④。

或许,阅读这些第一手资料最重大的意义是,你能看到李小龙是如何锲而不舍地精益求精、完善自我的。他的这一品质助其获得了首次出演主角的机会,随即声名鹊起,一举奠定他最辉煌的影星生涯。而那些数月前还认为他在北美票房上不会卖座的西方电影巨头,随后又千里迢迢地飞越太平洋去说服他主演北美电影。

在这些信札中,你还能与李小龙一道徜徉在那些沉思、安静、自省的时光里。提笔给友人和生意伙伴写信时,他总是情真意切地抒发自身的为人之道——与他人交往务必"真实""真诚"且"真挚"。

而在他的绝笔中,你也会伤感地读到他最后的想法和希望。逝世前的最后几个小时,他给他的友人及律师阿德里安·马歇尔

---

① 指那些乘坐喷气机到处旅游的富豪。——译者注
② 罗曼·波兰斯基(Roman Polanski),生于1933年,法国导演、编剧和制作人,曾为李小龙的弟子。 译者注
③ 詹姆斯·柯本(James Coburn,1928—2002),美国演员,李小龙的弟子和友人,曾出席李小龙的葬礼并担任护柩手。——译者注
④ 史蒂夫·麦奎因(Steve McQueen、1930—1980),美国演员,李小龙的弟子和友人,曾出席李小龙的葬礼并担任护柩手。——译者注

写了一封信，言辞中的未竟之事充满悲剧色彩，而其中的希望则颇具讽刺意味。

所有这些书信均出自一位伟人之手，其毕生完成了许多壮举，也无疑改变了这个世界。书信为证，上天赐予李小龙的三十二载春秋，他从未虚度。本书所有书信皆按时间顺序编排，希望那些有幸了解他一生的读者，能顺着他生命的流向，收获蕴藉其中的感动与启发。

这些信札集中揭示了李小龙生命中的崇高品质——凡事力争做到最好，绝不退而求其次。他的一生彰显了一种日求精进、陶冶情操、为人正派、重视人际、逆水行舟、精神境界强韧超凡的人生哲学。最后，李小龙的书信还反映出了"爱、和睦与兄弟情"的人生理念，而这也恰是他经常书于信末的衷心祝福。

约翰·里特

第一部分

探索美国

(1958—1963年)

一九五八年

致某导师①

1958 年 11 月

突然给您来函实属冒昧之举,何况我对您而言还全然是个陌生人。所以,我有必要在此介绍一下自己。首先,我叫李小龙,英文名是布鲁斯。②家父李海泉③与令尊乃是故知,我亦十分感激令堂建议我写信征求您的意见。因为您对您的所学非常在行,而我今后也意欲研读医学或药剂学,切望您能为我解惑,但愿这不会给您平添太多麻烦。眼下,我正就读于香港圣芳济书院(四年

---

① 鉴于遗留下来的书信是李小龙的草稿,所以这封信究竟所寄何人无从考证。但是,考虑到他写这封信时仍就读于圣芳济书院高中部(Saint Francis Xavier High School),而且我们在他写于 1958 年 11 月 30 日晨的日记中发现了以下记录:"眼下我正在摸索自己今后的出路,不知是该成为一名医生还是另作打算?如果决定从医,那我就得刻苦学习了。"综上,我们基本可以判定这封信正是写于这一时期。
② 李小龙,英文音译为 Lee Shiu Loong 或 Lee Shiu Lung,这个名字是李小龙首次亮相香港大银幕时用的艺名。他本名李振藩(Lee Jun Fan),早年读书时学名李元鉴(Lee Yuen Kam),在家中乳名细凤(Sai Fon),字面意思是"小凤凰"。而英文名布鲁斯(Bruce)是替他接生的一名护士所取,但他十二岁开始就读英语学校后,才正式启用这个名字。
③ 李海泉(Lee Hoi Chuen,1901—1965)是一位粤剧演员。——译者注

李小龙在香港圣芳济书院念书时的登记卡。

级）[①]，打算来年赴美专攻医药学，完成高中学业。碍于我对这个专业知之甚少，不知能否烦请您为我详细讲讲如何才能逐步成为一名医生或药剂师呢？

现在，我对这个领域几乎一无所知。依您看，像我这样没有任何基础的学子，今后能否学有所成呢？最后，衷心希望我们以后能常来常往。

十分感谢！

李小龙
敬上

[①] 1958 年，李小龙就读于香港圣芳济书院高中部，次年离港赴美。

一九五九年

致某友人[①]

1959 年 4 月 29 日

  我上船后结识的第一位朋友是个印度人。我们相谈甚欢。他请我教他跳恰恰舞。聊了半晌后,他偶遇了一个老相识,我便落了单,索性回了船舱。

  我在舱内碰见一位老绅士,洛克(Lok)先生。他经常像这样乘船出行,好意给了我一些建议,我非常受用。除此,我还遇到了一位校友的哥哥,常先生。后来,我们几乎形影不离(同进

[①] 李小龙十八岁时首次乘船赴美,这便是当时他在海上写给一位香港友人的信件,意在告诉对方他的旅行见闻。这封信最吸引人的地方在于它形同日记,写于启航的头一天,记录了李小龙出行的真实感受与经历。而如今看来,李小龙此行的确意义非凡。

李小龙与父亲李海泉（左）在香港的合影。

同出、一起活动等等）。他研习蔡李佛拳①，对咏春②也大加赞赏，表示颇有兴趣。我们甚至还说好待船航抵日本后，一道去观光。

船上的酒吧喝什么都要钱，就连可口可乐也不例外，我情愿喝自来水。最有趣的一件事是，我去洗澡时不知水温可以自行调

---

① 蔡李佛拳（Choy li fut）可谓是亚洲功夫体系中最流行的拳种之一。香港约有近三分之一的武师都习此拳法，其特点是刚柔并济、快速灵活、稳健有力、左右开弓。简·哈兰德（Jane Hallander）在《功夫格斗完全指南》（*The Complete Guide to Kung Fu Fighting Styles*，加州，伯班克：独特出版社，1985）一书中曾写道："这门武术不仅囊括多种徒手及器械套路，而且，在东南亚许多参加自由搏击锦标赛的顶级选手都是它的习练者，这一事实无疑证明了这种拳法是现存最强劲的功夫体系之一。"

② 咏春拳（Wing Chun）极具攻击性，注重中路攻击，无花招巧势，出手即法，讲究截引对手的攻击顺势出拳，这样咏春拳手就能利用挡手或另一只手在最接近中线的位置进行反击。鉴于两点之间直线最短，所以恰如李小龙的所学，咏春拳法中并无"曲线"动作，其60%的攻击技巧都属拳术，余下40%则是下段短踢，追求手脚同时出击。咏春拳是李小龙唯一正式学过的武术，自1954年起他便拜入咏春宗师叶问（Yip Man，1893—1972）门下习拳，直至1959年4月29日离开香港。

节,所以就全开到了热水那边,结果越洗越热,烫得我都受不了了。然后,我又把水龙头完全开成冷水,最后又冻得不行。洗完澡回房间后,有人教了我调节水温的方法,我这才恍然大悟,原来还可以调成"中档"!上床后,我觉得整张床都在摇晃,感到很不舒服。但愿我不会晕船。

现在是晚上十一点半,我想我还是该尽早歇息,因为明早八点半就要吃早餐。

1959 年 5 月 4 日,星期一

成语云"开门见山"。

但这个成语的问题在于,有时若你太过直来直去,反而难以称心如意,往往事与愿违。毕竟,还有个词叫"口是心非"。

今天是四日星期一。船一靠岸,忠琛[①]就来接我了。他领我坐上从大阪直达东京的火车,托他的福,我得以好好游览了一番东京。

东京漂亮至极,足以媲美任何西方国家。我从未见过这么多来来往往的汽车,街上行人摩肩接踵,整座城市都令人激动不已。

五彩缤纷的霓虹灯闪烁不止、变幻万千、图像各异。相较之下,香港简直落后了好大一截!

我们与忠琛的朋友们碰头后,他们请我吃了日式鸡肉饭——味道好极了。之后,我拿港币兑换了一些日元,买了一双鞋(相当便宜)、三件纯棉的厚T恤和一些风景明信片。接着,他们带我去听了一场音乐会。音乐会结束后差不多快晚上十点半了,我

---

① 李小龙的哥哥李忠琛(Peter Lee,1939—2008)。

们这才乘火车姗姗返回。

今天是五月五日星期二。我想忠琛应该已经回香港了。现在我独自一人,无所事事。下午,我和几位在船上结识的朋友约好一起下船去买些纪念品,并未耽搁太久,大概是在午后三点左右上的岸。我们的客舱里住着两个美国人,一个大约三十岁左右,另一个在二十五岁上下。两人都是学法律的。大家闲扯了一小会儿后,我便决定提笔给你写这封信。

现在,船已再度离岸,我也就暂且搁笔了。因为开始航行后,海上波涛汹涌,船身摇晃得很厉害。每晚这个时候其实都有舞会,但没人去跳舞,因为到处都是东倒西歪的酒瓶。今晚睡下后,明天我恐怕很难爬起来,幸好我随身带着一点晕船药。明天就六日了,估计睡一觉就没这么晕了吧。

和我一起用餐的大多数同伴都很不适应上层甲板的餐厅。今天,船上的乐队请我去教恰恰舞,我刚教了十五分钟,船上就搞起了救生演习。所有人都得穿上各自的救生衣去甲板集合。真是不胜其烦!

致梅尔文·董①

1959 年 5 月 17 日

梅尔文:

　　船到檀香山后,我发现你们这些家伙竟敢不给我写信,简直太令我失望了。

　　后来,正当我不知该做点什么好时,有位同船的乘客突然拿着一张照片来寻我,说"有人在甲板下等你"。我走到门口,发现一男一女正在那儿等着我,其中一人我叫她"姐姐",另一个叫他"小哥"。② 两人都是受中国驻外艺术团所托,专程来接我的。

　　他们领着我到处观光游览,后来又偶遇了常纪明(音译 Chang Ki-ming)和张祁莱(音译 Chil Lai Cheung)两人。之前来接我的那两人说张祁莱脾气很怪,但在我看来,他其实挺爱和我说话。别的事我自是不知,不过他跟我说他收藏了成千上万张黑胶唱片。我回说自己以前在香港也听过不少专辑。他还抱怨自己的毛病就是不太好相处,然后又三言两语地讲了讲他的情妇是怎么背着他,卖掉了他在沙田③的度假别墅等等。除此,他还问到了我爸的身体状况,说将来要是有机会,他还是会回香港。不过这位仁兄现在是谁都不信任了,生意上的事一概亲力亲为。他以前究竟为何要将自己的生意全盘假手他人呢?

　　当晚,他们还把我引荐给了一位唐先生。这个唐先生相当富

---
① 梅尔文·董(Melvin Dong)是李小龙年少时在香港的旧友。写这封信时,李小龙刚刚航抵旧金山。
② 小龙的父母当时联系了一些在海外演出的华人朋友。
③ 沙田是香港新界的一个区。

有。他和我可谓一拍即合,好像故交一般。他研习洪拳(Hung style boxing),喜爱国术①,很羡慕我学过咏春,希望我能在夏威夷多留一阵子教教他,他还可以替我找一份在校任教的工作。

后来,他请我去全球最大的中餐馆吃晚饭,光是一碗鱼翅汤就要25美金!我寻思着,吃罢这顿饭,恐怕自己将来再没机会尝到25美金一份的佳肴了。

告诉"靓仔狗",我给他买了两套有趣的小玩意。等到了旧金山就寄给他!不过你先提前告诉他一声也好。

信已写好,船一到旧金山我就去寄。真心希望你们能多多给我来信,省得我老惦记着你们这群家伙。

---

① 国术是功夫的另一种说法。

一九六〇年

致香港九龙的张学健[①]

寄自华盛顿州,西雅图市

1960 年 5 月 16 日

亲爱的学健:

我疏于给你写信,想必你已多有不满了吧,不知该如何向你道歉才好。不过,学健,我还是得先谢谢你的欢迎信。

听说你病了,我非常难过,但请听我一言,你完全不必为此忐忑不安,那样有弊无利,只会雪上加霜。学健,愿你早日康复,这阵子就请安心养病。

我必须承认学习咏春拳的确益处良多。坦白来说,近日我常在练功,木人桩都已托人从香港运来了。但考虑到你的身体状况,我建议你暂时先别练拳了,等身子好些了再说。

眼下,我还在爱迪生高中(Edison High School)念书,今夏就将毕业。明年,也就是 1961 年,我打算进大学深造,只是尚未

[①] 张学健(Hawkins Cheung,1941—2019)是叶问的主要传人之一。20 世纪 50 年代间,李小龙在香港叶问武馆习拳,张学健也于这一时期入门受训。

决定修读哪一科，待拿定主意后再写信告诉你。如今，我觉得诸如咏春拳、恰恰舞之类的东西，都不外乎是些消闲娱乐罢了，相较之下，学习才是最要紧的。是的，没错，个人未来取决于学识。

现在，我确已自力更生，从踏上这个国家的那天起，我便再未劳烦父亲接济我一分一厘。课余，我在兼职做服务生。老实说，兄弟，那真是相当不易！我总是累到不行！

闲暇时，除了学习和练习咏春拳（我当然会坚持练下去！）外，我基本也不做其他事。有个南美人不时会来教我一些别出心裁的步法，作为回报，我也会教他一点功夫。他的步法委实很出彩，很有异国特色，而且相当精妙！学健，等你病愈，我尽量把那些步法画下来寄给你钻研，你看怎样？

另外，如果你还和那些家伙有来往的话，见到皮普（Pip）请代我问声好。还有，请告诉理查德（Richard）我弄丢了他的地址，麻烦他给我写封信。

好了，朋友，祝你好运、早日康复。

友

小龙

致某"亲爱的姑娘"[①]

中秋佳节已及至完尽。年复一年,岁月循环流转,又到了五彩斑斓、多愁善感的秋季。

R,我们怎能任这宝贵而短暂的秋日白白流逝?最近,我常去看电影,借此自我安抚、自我激励。所以,请务必写信告诉我,哪部电影你还没看过,这个星期日我请你去看。你会喜欢的吧?我亲爱的姑娘。

致以最美好的祝愿与满满好运。

小龙上

[①] 这封信收件人不详。信函的草稿出自李小龙早年在西雅图使用的笔记本,是他高中毕业时写下的。

致黛安娜[①]

黛安娜：

好学近乎知，力行近乎仁，知耻近乎勇。[②]

爱你的

小龙

[①] 经证实，黛安娜（Dianne）是李小龙在爱迪生职业技术学校（Edison Technical School）的同学。
[②] 语出《礼记·中庸》，前一"知"同"智"。——译者注

一九六一年

致埃德·哈特[①]

1961 年 3 月

亲爱的埃德：

很抱歉拖到现在才给你写信，之前我一直在准备报考华盛顿大学（University of Washington），实在忙得不可开交。现在一切都已安排妥当。我已经被录取了，本月二十七日春季学期就将正式开学。

埃德，走了你这么优秀的一位笔杆子，我们大家都很想你，尤其是我，作为朋友，我真的无比挂念你。埃德，请好好加油，尽量攒些钱，回到我们身边来。

我们已经进行过多次功夫表演，而且我还和杨九福[②]一道上了两回电视。

四月八日我们可能会去海蓝恩高中（Highline High School）

[①] 埃德·哈特（Ed Hart，1924—1998）是李小龙在西雅图收的第二位亲传弟子。李小龙给他写这封信时，哈特在纽约待了几个月。
[②] 杨九福（Fook Young）是一位粤剧演员和武术杂家。他和李小龙的父亲李海泉是世交，也是李小龙在西雅图的监护人，并向李小龙传授过多种武术，包括红船咏春。——译者注

表演。现在每个人都在为此刻苦练习。目前，我收徒十人，武馆已略具雏形。或许再过两个月就能公开对外招生了。

我开始教大家对打了，并竭尽所能地指导他们练好腿法。虽然杰西[①]的腿上功夫还不够灵活，但他依旧是众弟子中最出色的那一个。

你知道吗？我有个天大的惊喜要告诉你！根据大学体育课的安排，我们竟然要学习柔道！修造[②]在那儿执教。

好了！埃德，请尽快回信，我一定会及时回复你的。

你的师父、朋友
小龙

[①] 杰西·格洛弗（Jesse Glover，1934—2012）是李小龙在美国收的首位弟子。
[②] 加藤修造（ShuzoKato），李小龙大学时的柔道教练。——译者注

致纽约布鲁克林的埃德·哈特

寄自西雅图

1961 年 5 月

亲爱的埃德：

昨天收到你的回信时，我们正聊起你。你真打算回来吗？

杰西一切都好。他现在住在唐人街的格林酒店（Green Hotel）。我猜你应该已经得知他荣升黑带的消息了吧。眼下，他周末在罗伊·加西亚（Roy Garcia）那儿打工，不日就将进入爱迪生职业技术学校就读。

我的武馆倒闭了，实际上，我们还为此倒欠了人家 80 美金。大家都失业了，实在难以为继。此外，我也没教功夫了，因为我得去找份兼职，度过这段经济困难时期。

有几位伙伴打算请我去教课，这也许权且能算作一份兼职吧。

埃德，我们所有人都很想念你，盼望你能尽快归来与我们团聚，这一点无论如何我都想让你知道。我的英文不是很好，这份心意不知该如何诉诸笔端，我只能说，有你这样的朋友我深感自豪，我非常挂念你，希望你能回西雅图来。

你永远的朋友
小龙

一九六二年

致曹敏儿[①]

1962 年 9 月

亲爱的敏儿：

这封信可能有些晦涩难懂，其中涉及我的理想与思考方式。总结起来，也可以称作是我的生活之道。要确切地表达我的所思所感本就很困难，所以这封信读起来就更是费解了。不过，我仍想写下来让你知道。我会尽我所能地写得清晰易懂，愿你也能持一种开放的心态，没读完之前，请别急于下结论。

想过上好日子有两条路：一是靠苦干，一是凭创意（当然，这也需要实干）。勤劳节俭的确能造福生活，但唯有那些敢为天下先的创新之人才能收获真正的财富。在美国，每一个行业、每一个领域都在追求创新。正是这些"想法"成就了今日的美国，一个好点子能助一个人达成毕生所愿。

[①] 20 世纪 50 年代间，李小龙还在香港时，曹家和李家就交情甚笃，他一生都与曹氏维持着密友的关系。敏儿的母亲曹太太胜似李小龙的干娘，他经常寻求她的建议。在美国时，李小龙常给曹太太去信，聊聊他在海外的生活。他与曹敏儿（Pearl Tso）也多有书信和明信片的往来，或是写些简短的格言警句，或是如这封信一般，饱含真挚而深邃的思考。

李小龙几乎总是笔不离手,即便是在电影《龙争虎斗》(*Enter the Dragon*)的拍摄现场也不例外。

功夫是我生命的一部分。武道深深影响了我性格和思想的形成。我将练功视作一种身体力行的文化、一种思维训练、一种自卫之术,同时也是一种生活之道。放眼所有武术形式,功夫当属最上乘。然而,由中国功夫衍生出来的柔道和空手道,虽然仅是功夫的基本形式,如今却几乎风靡全美。之所以如此,只不过是因为这里根本没人听说过功夫这种至高艺术,此外,自然也有缺乏有功底的武术教头的缘故……我自信自己多年的功夫底子,能让我成为美国首位功夫教练。未来依旧任重道远,我要进一步磨砺武艺、陶冶性情。综上,我的目标是在此创立第一所功夫武馆,然后逐渐将其推广至全美(我打算用十到十五年时间实现自己的全部计划)。我这么做不单只是为了赚钱,还涉及许多其他因由,例如:我希望让全世界了解中华武术的博大精深;我喜欢教授功夫、帮助他人；我想令家人生活富足；我渴望有所建树；而最后也是最重要的一点——功夫就是我的一部分。

我很清楚自己的想法是正确的，因此，也一定能收获令人满意的结果。我根本不担心回报，一心只想全力以赴、实现梦想。我所得到的回报与成功当由日后我做出的贡献来衡量。

电机天才查尔斯·P. 斯坦因梅茨①博士在世时，曾有人问他："在您看来，未来二十五年内，哪一门学科将会取得最大的进展？"他默默思考了几分钟，而后脱口答道："精神顿悟。"当一个人真切地意识到自己心中蕴藏的巨大精神力量，并开始把这种力量运用到无论是科学、商业或生活中去，那他的未来都将无可限量。

我觉得我心中便蕴藏着这种强大的创造力和精神动力，胜过任何信念、抱负、信心、决心与愿景，它是这一切的总和。这种主宰般的力量如今就在我手中，像磁铁似的深深地吸引着我。

你投石入湖，水面就会激起层层涟漪，随后一圈圈地荡漾开去，直至溢满整个湖面。这正是我将我的想法付诸实践后的情形。现在，我已然能设想出这些想法的前景，预见今后的自己。我有梦想（请记住，脚踏实地的梦想家从不放弃）。眼下我兴许一无所有，仅蜗居于一间狭小的地下室内，但梦想一旦扬帆起航，我便能在脑海中看见一幅美丽的图景：一幢五六层高的功夫武馆拔地而起，旗下分馆散布全美。我不会轻易气馁，料想自己定能披荆斩棘、不畏挫折，最终实现"不可能"的目标。

不论这是否是上帝的指引，我都能感觉到这股非同寻常的动力、这股潜在的力量、这股澎湃的激情就在我体内。这种感觉无以言表，也没有任何体会能与之相较。它如同一种交织着信念的

---

① 查尔斯·P. 斯坦因梅茨（Charles P. Steinmetz，1865—1923），美国数学家、电气工程师，对交流电系统的发展做出了巨大贡献。——译者注

强烈感情，但却远比单纯的信念更加坚不可摧。

总而言之，我的计划和奋斗的目标是找到生命的真谛——内心的平静。我知道上述种种并不意味着我一定能找到内心的平静。但是，倘使我一心追求真正的自我实现，而不是反复受困于思想斗争，就定能得偿所愿。为了拥有平和的心境，道家与禅宗那些超然于世的教义都值得我钻研……

可能有人会说我求成心切。但我并非如此。你看，我的抱负都源自同一个念头——我知道我能行。我只是依心而行，丝毫没有恐惧或怀疑的杂念。

敏儿，成功只属于那些想要成功之人。如果你根本没有设下目标，又怎么可能实现它呢？

谨致问候。

小龙

一九六三年

致琳达[①]

1963年10月20日

献给最甜美的姑娘,来自一位仰慕她的男士。

琳达:

人生在世,略具薄资则知足知止;慕高雅而远奢华,慕精纯而远潮流,求杰出而非体面,求富足而非富有;勤学、默思、逊言、端行;悦纳万象,有勇有为,静候天时,决不冒进。

换言之,且任本心天性,于平凡中自在生发。[②]

小龙

[①] 琳达·埃莫瑞(Linda Emery),生于1945年,于1964年8月17日嫁与李小龙为妻。据琳达回忆,两人首次"正式"约会是在1963年10月25日,而这封信正写于约会的五天前。
[②] 原函全文出自美国作家、哲学家威廉·亨利·钱宁(William Henry Channing, 1810—1884)的名作《交响曲》。——译者注

Dear Fred,　　　　　　　　　　　　　　　　　　April 9 1966

　　　It might be a surprise but instead of writing you from Hong Kong, I am writing from Los Angeles. You see, "Batman" is such a hit (though I kind of think it silly) that the "Green Hornet" is sold without a pilot and script! In other word, the series will definitely be out this coming season, which is this coming September. At present 20th Century Fox is sending me to drama school----the drama coach is Jeff Corey, the best here in Hollywood----- at $70 an hour (if I were to pay I'll tell them I've got it!). The lessons (three times a week) is doing me a lot of good and make me more fluid with not-acting acting -----a most difficult way to achieve, unnatural naturalness. At any rate, we are to start shooting on the 23rd of May.

　　　I'll be playing Kato (doesn't sound like a Chinaman, does it), the right hand man of the Green Hornet. Instead of carring all kinds of weapons, this fellow is to Gung Fu all his opponents-------------

　　　At present, besides taking acting lessons I'm giving private lesson in Gung Fu (actually will start the end of this month). Among my prospective students are Steve McQueen, Paul Newman, Vic Damone, Tommy Sands.......... It won't be bad. At least I'll be having pocket money(at $25 an hour) till the shooting two months away. It will be a lot of fun and this job will take care of raising a family. Financially wise this job is most satisfying.

　　　When you are free do drop me a line and let me know how things are going on with you. Please give my best regards to Amy. Your girls have grown quite a bit, especially the younger one.

　　　　Take care my friend-------I better stop. You see my typing is kind of slow like "seek and ye shall find"

第二部分

从功夫到《青蜂侠》

（1964—1966年）

一九六四年

致木村武之[①]

学习功夫的过程

★修身养性

知止而后有定,定而后能静,静而后能安,安而后能虑,虑而后能得。[②]

欲修其身者,先正其心(即端正思想)。

欲正其心者,先诚其意。

欲诚其意者,先致其知 —— 致知在格物。

记住:其本乱而末治者,否矣。

纯正之心不为情绪左右,无所恐惧、愤怒、悲伤、忧患,乃至好乐。若心不在焉,则视而不见,听而不闻,食而不知其味。

摄持自心,不为外物所累,即是说,外在变化无法动摇内在

[①] 木村武之(Taky Kimura),生于1924年,既是李小龙最亲密的朋友之一,也是他收授的首批弟子中的一员。李小龙实则非常看好武之的才能和性情,并委以西雅图武馆助教一职。他曾给武之寄去下面这些卡片,并在其中谈到了"学习功夫"的要点,强调了武术的哲学性与"更高"的武学境界,而非纯粹的好勇斗狠。

[②] 原文语出《礼记·大学》,下同。——译者注

意志。如此，可抑嗜欲、寡私欲。

习武之人休休焉则平易矣，平易则恬淡矣。平易恬淡，则忧患不能入，故其德全而神不亏。[①]

——水之性，不杂则清，莫动则平。

故：
1. 一而不变，静之至也。
2. 无所于忤，虚之至也。
3. 不与物交，淡之至也。
4. 无所于逆，粹之至也。

"无思""无想"

不求回报，不期赞誉，不惧苛责，超脱于身体层面的自我意识。最终，不为感官所囿，释放自心，从心所欲。

至高武艺，练就于无招无识之境。

诚心正念务必集中精神（静思默想），心有旁骛则失真失诚。正所谓知行合一，一个人的内在想法与外在表现不可相互矛盾。因此，人应自行树立正确的准则，并受其影响躬身践行。

审视自心，若你坚信自己的所作所为正确无误，又何须忧惧？你只需不带任何掠夺与竞争之念，专心致志地完成自身的人生使命。顺乎自性，念随心转，合于天道，则天道佑之。

知退

退能战胜所有超越其上的强力，它的力量无可限量。

退让是一种舒适的放松状态，柔似羽毛一般；是一种沉着的

[①] 原文化用自《庄子·外篇·刻意》，下同。——译者注

抽离之举，表面看似乏力，实则心怀谦逊，动作有力。摆脱焦虑、心平气和，且去顺应对手的力道。你无须采取攻势，只需因势利导。

水，天下知退之至柔，驰骋天下之至坚，出于无形，入于无间。上善若水，无法掬得一捧；击之，不以为痛；刺之，不能相伤。

★无为法

要顺应对手的力道，切莫反抗。这种武术之道意在顺乎自然，从而"保存自己"，最终及至不灭，因为我们没有消耗自身之力。这一理念源自道家学说。据传，庖丁解牛时都是由骨骼和肌理的缝隙处入刀，从不硬碰硬地用刀，所以他的刀始终若新发于硎。

贵柔守雌

"人之生也柔弱，其死也坚强。草木之生也柔脆，其死也枯槁。故坚强者死之徒，柔弱者生之徒。是以兵强则灭，木强则折。强大处下，柔弱处上。"①

强者善借对手之力——如竹迎风而屈，待风停后，又反弹回来，强胜之前。

---

① 原文语出《老子》第七十六章。——译者注

致比尔·埃文斯[①]

寄自加利福尼亚州,奥克兰市,1964年9月2日

亲爱的比尔:

很抱歉之前说好的那些文章得缓一缓了,因为眼下我正忙着进行功夫巡演。

不久前,我才从洛杉矶回来,即将再度启程前往旧金山开始表演。不出一星期,又得飞去纽约。

无论如何,我都会尽量抽空写完那些文章。顺便问一下,新一期《黑带》杂志何时出刊呢?上次在长滩举办的锦标赛应是会见刊的吧。

另外,附带一提,振藩国术馆(Jun Fan Gung Fu Institute)的标志乃太极阴阳图,阴阳(黑色为被动,白色为主动)两半首尾相接构成了一个整体,其中任何一半都包藏着另一半的特质,互为补足(并非对峙!)。二者相互依存、相互作用,而非彼此排斥。

好比我说"我热得出汗",这里的"热"与"出汗"实则是

---

① 比尔·埃文斯(Bill Evans)在20世纪60年代初期担任《黑带》(*Black Belt*)杂志的编辑。

"一",它们是共存关系,二者缺一不可。正如客体离不开主体,进攻者也并非处于一个全然独立的位置,相反是起到了助力的作用。也就是说,你需要一个对手来补全另一半,打斗才得以完整。

因此,在动作的过程中,刚与柔乃同一股不断转化、相互作用的不可分割之力。倘若一个人要骑车去某处,他既不能同时踩下左右两侧的踏板,也不能都不踩。为了前行,他必须在踩下一只踏板的同时放开另一只。所以,向前移动需要将踩与放这两个动作"合二为一",两者互为因果,反之亦然。

这种"合二为一"仅是国术馆标志的一个基本内涵。除此,还含有"懂得节制、勿走极端""于庸常中见真知"等意。不过,一言以蔽之,个中理念是假如功夫确属非凡,那恰是因为它根本无甚特别之处——它无非是用最少的招式、最小的力道,表达了最直接的感情。越接近真理,便越不必赘言。

若我的信写得语无伦次或字迹不工,还请原谅。

李小龙

致澳大利亚堪培拉休斯的张卓庆[①]

寄自加利福尼亚州,奥克兰市,1964年10月30日晚上9点

1964年10月30日

亲爱的卓庆:

我们的通信总如山泉一般——时断时续。不管怎样,念及之前写信的间隔,这回还没过多久,我就又提笔了。

我从香港回来已有一年[②],从信封上你也能看出,我已由西雅图迁至加利福尼亚州的奥克兰市。我在这边住了好几个月了,诸事顺遂。对了,眼下,我正在加利福尼亚大学(University of California)念书,毕业将取得哲学学位。

你近况如何呢?回香港后我见了几个旧友,听闻了好些莫衷一是的消息,我都不知究竟该作何感想了。另外,我还在街上偶遇了那对双胞胎兄弟(其中的一个)。他们回澳大利亚了吗?听说那兄弟俩相当招人厌。张学健现在在香港。

如今,我全心全意地读书、练武,跟一个同为中华武痴的家伙合住(这家伙相当勤学苦练——他能在不敲碎第一块砖的情况下,直接隔空击碎最后一块)[③],我们每日会一起练两小时的功。

我们在车库建了一间不错的练功房,我的木人桩也已就位。

[①] 张卓庆(William Cheung),生于1940年,师从叶问,他不仅是李小龙的同门,也是他的童年玩伴。
[②] 1963年夏,李小龙携其弟子道格·柏尔默(Doug Palmer)一同返回过一次香港。
[③] 这个"家伙"指的是李小龙的弟子严镜海。李小龙和琳达结婚后,搬去与其合住了几个月。严镜海也是李小龙加州奥克兰振藩国术馆的助教。

我的搭档又另造了两个木人桩,这对练习咏春拳大有裨益。目前我们正着手备齐一些护具,以便进行真刀真枪的对打。

盼复。

小龙

致澳大利亚堪培拉休斯的张卓庆

寄自加利福尼亚州,奥克兰市,1964年11月22日早上9点

1964年11月21日

亲爱的卓庆:

你的回信让我对我们之间的友谊产生了一点怀疑。我不希望你误会我给你写信是为了学功夫——我之所以提笔,纯粹是因为我想给你写信而已。请不要(如你在信里说的那样)为我的所需而倍感压力。当然,在香港时,我的确受了你的照顾,我很感激。但我希望你能以朋友的身份与我通信,而不是一个无所不知、无所不能的人,我相信世上也没人能做到这一点。这些都是我的真心话,愿你不要介怀才好。

我在加州过得很不错,要是还没告诉你我结婚了,那就权且借这封信与你分享喜讯吧——她不仅是个好女孩,更是门门得A的优等生。算起来,我们已结婚一年左右了,而且家里很快就将添丁增口。

你读到的那本书是我1963年写的一本功夫入门书[①],眼下我正围绕功夫之道,创作一本更深刻更全面的作品[②]。你看过西山(Nishiyama)的《空手道的艺术》(*Karate:The Art of Empty Hand*)吗?我的新书差不多就和那本一样厚,其中囊括了过去五

---

① 李小龙指的是他于1963年自费出版的《李小龙基本中国拳法:自卫的哲学艺术》(*Chinese Gung Fu: The Philosophical Art of Self-Defense*)一书。
② 即李小龙的《功夫之道》(*The Tao of Gung Fu*),后收录于"李小龙图书馆"丛书,由波士顿查尔斯·E.塔特尔出版公司出版。

年来我对功夫的见解，为此我倾注了不少心血。

如能成行，我和妻子计划明年回香港一趟。要是你也能一起回去就好了。不过你在政府工作，要请几个月的假，想必相当不易。若你有空来美国，请务必提前通知我，我们一定会接你到家里来住。

挚友
小龙

一九六五年

致木村武之[①]

1965年2月1日
我们的孩子出生了。
名字：李国豪
生日：1965年2月1日
体重：8磅11盎司[②]
父母：李小龙夫妇
绝对是个健康的大男孩！

李国豪——摄于1965年7月

[①] 下面的通告发于1965年2月1日，这一天李小龙的儿子李国豪（Brandon Bruce Lee，1965—1993）降生。
[②] 约重7斤9两。——译者注

致木村武之

1965 年 2 月

武之：

今天去给你寄信时，刚巧收到你的回信。所得税申报表一类的事都多谢你了。对了，倘使你是个中国人的话，我会觉得你信尾的落款是故意想搞笑："你的师兄（前辈）①，武之……"②

我想我近期是上不了《生活》(*Life*) 杂志了，他们想先集中精力报道"蝙蝠侠"(Batman)。你千万要多多保重，暂时别做剧烈运动，武馆的事就交给克里斯（Chris）吧。你得在西雅图推广……或者说协助推广中国功夫。

你提到的那位武术家根本不足为虑，就连一切武术的核心——节奏（时机）和距离——他都不甚了了。当然，精简也是核心要素之一。他若真办起了武术班，恐怕也不会对我们造成什么威胁，我深知你的基本功更胜一筹。虽然外界鼓吹他那身所谓的肌肉，但很可惜，那都是些虚有其表的东西。

我会去确认一下木人桩究竟有没有运送上路，虽然那是我亲自去寄的。我没去参加本月二十日的功夫表演，因为实在没什么心情。三月六日，拉尔夫·卡斯特罗（Ralph Castro）要去参加世界锦标赛，我可能会助他一臂之力。

---

① 括号里的内容并非出自木村武之的原函，而是李小龙添加的，借此委婉地点出了木村武之的错误。——译者注
② 时至今日，木村武之甚至都还会取笑这事："我想要是我用中文落款的话，小龙一定会很惊喜。但我是日本人，不大懂中文。出于某种原因，我把师兄（入门在先的同门前辈）、师弟（入门在后的同门后生）这两个词弄混了。幸好小龙很有幽默感，知道我不是故意显摆自己什么都懂，而是真的弄混了。——不过，我着实花了很长时间才让这事消停下来。"

近两星期我都没有练功，预计回香港后会再度开练。此番返港，我打算多学些（功夫上的）花架子，主要是为了电视表演——不管怎样，观众就爱看这些花里胡哨的招式。

　　一有时间，我就将咏春三套拳法①和太极拳之类的功夫录下来寄给你，凡是能助你增进武艺的套路我都会录进去，应会采用8毫米胶片。

　　我在寻思创立一套自己的武术体系，一套博采众长、融会贯通，但又讲求精简直接的武术体系。它将注重一些根本性的东西②——节奏、时机、距离，以及五种攻击之法③。这是目前我接触到或者说能接触到的最有效的武功路数。任何超越其上之法都必属不可思议的空想。咏春乃伊始，黐手是核心，再辅以攻击五法。整个体系强调节奏的无规律性，以最快速最有效的方式，干扰并打乱对手的节奏。最重要的是，它无所谓直线或曲线攻击，而是讲究身处圆心、无所拘束。如此，各种武功路数均可信手拈来，无须样样精通。待我把这一切总结理顺后再跟你细讲。

　　最近，我一直在专心写书，就快完成了，还差一些照片而已。

　　随函附上几张我找东西时偶然翻出来的旧照片，老查尔斯④也在上面呢……

---

① 咏春三套拳法分别为小念头、寻桥和标指。
② 随着自身武学境界的提升以及截拳道的发展与成形，李小龙开始追求超越体系的"终极"法则，或者说是所有武术共通的"根本"之源（后来延展至寻求精神上的真理）。参见《截拳道：李小龙武道释义》(*Jeet Kune Do: Bruce Lee's Commentaries on the Martial Way*)，本书收录于"李小龙图书馆"丛书，由波士顿查尔斯·E.塔特尔出版公司出版。
③ 截拳道"攻击五法"乃：简单角度攻击（SAA）、诱敌攻击（ABD）、组合攻击（ABC）、渐进间接攻击（PIA）和封手攻击（HIA）。最后一种攻击法也包含截腿攻击（LIA）。参见《截拳道：李小龙武道释义》。
④ "老查尔斯"（Old Charles）即查理·吴（Charlie Woo），他是李小龙早期在西雅图时的朋友兼弟子。查理后来在骑马时出了意外，不幸英年早逝。

李小龙与木村武之（左）、查理·吴（右）的合影。

琳达向你问好。国豪正逐日长大。

请保重，勿过劳。

小龙

又及：你是不是说过你的会员卡丢了？

致爱妻琳达①

寄自香港,九龙,1965年2月16日中午

1965年2月15日

琳达:

在这一特殊时期收到你的来信,我甚感欣慰。如今,全家人都深陷悲痛与迷惘之中。

昨天下午四点父亲已入土为安,明天我们会去上坟。葬礼结合了中国传统习俗与天主教的教义,整个仪式简直乱作一团,等我回去再当面跟你说。

至于具体什么时候回去,暂时还定不下来,我得等律师把所有后事处理完毕才能动身。总之,我会尽早回去的。你不必为我担心,我自有分寸,能照顾好自己。

我反倒忧心你的身体,还有我们的儿子国豪。希望你能去做个体检,顺便把国豪那小家伙也捎带上。别顾虑花销,你的健康要紧。凡是你需要用钱之处,尽管支取。若是缺钱,就先从你母亲那里借一点,回头我悉数还给她。

依照中国的习俗,戴孝期间我不能走亲访友、理发剃须,或佩戴任何金银首饰……总而言之,我现在就像一个满头长发的大胡子海盗。

等你收到这封信时,我多半已经给你打过电话了——但现在还说不准,因为在宣读遗嘱前,所有的资产钱财都被冻结了。彼

---

① 1965年2月8日,李小龙的父亲李海泉于香港逝世。这段时期,李小龙在香港料理父亲的后事,并给妻子琳达写了以下这些家书。

得·琼斯·黄（Peter Jones Wong）近日要飞往温哥华，我稍后会跟他联系，让他给你打个电话。但愿我能在他离开香港前联系上他。

　　这阵子你一定要好好照顾自己和国豪。别忘了去看医生，务必告诉我检查结果（例如血象之类的）。若是需要接受什么治疗，就一定要去（像是带国豪去打针等等）！别担心钱的问题。我付得起。

　　照顾好自己和国豪。

爱你们的
小龙

　　又及：跟我说一下你的头围和假发尺寸。

致琳达

寄自香港,九龙,1965年2月17日早上8点

琳达:

如今家里人已平静了不少,但还有很多事要处理。

明天我们将去律师那里确认遗嘱,但听律师说,遗嘱的履行尚需六个月之久。眼下,我正尽力把自己分内的法律文件备好。你知道吗?我们得支付15,000美金的遗产税!

我虽归心似箭,但最快恐怕也要等到三月八日才能回去与你们团聚。我会先飞往西雅图,然后咱们再一起回奥克兰。届时,我提前通知你。对了,回信时记得告诉我你的电话号码。

最近,我基本都陪着曹太太,她现在生活得比较孤独。再说,我也别无他选,朋友们的电话号码都被我落在家里了。我打算和曹太太一起去替你挑些衣裳,跟我说一下你的衣服尺码(胸围等等)。虽然我手头有你写给我的那张卡片,但最好还是再确认一遍。

怀着沉重的心情,熬过了这么多天压抑的日子,今天我终于去洗了个桑拿,舒舒服服地泡了个澡、按了按摩。晚上,有位著名影星会来我家坐坐,我俩说好一起外出吃顿晚饭、聊聊天。他人很好。

碍于家里的保险箱内没留太多现金,而在遗嘱执行完毕以前,银行里的资产我们也都不能动,所以我可能没法给你打电话了。至于这趟行程的旅费,大概也得等到六个月之后才能返还给我。

我给你买了一些东西,回去的时候带给你,你一定会喜欢的。

李小龙与母亲何爱瑜①（右）、家族世交朱琦华②（左）的合影。——1963年，摄于香港

另外，你剪点头发下来，然后和你的头围、假发尺寸一道寄给我，好吗？

  亲爱的，多多保重。

爱你的
小龙

---

① 朱琦华（Eva Tso）即李小龙信中提及的"曹太太"，著名粤语电影演员曹达华之妻。——译者注

致琳达

寄自香港，九龙，1965年2月21日下午4点

1965年2月21日

琳达：

  今天是星期日，我在曹太太家里给你写信。明天我们会去电讯公司给你打个越洋电话。曹太太要去打给敏儿。①

  咱们的儿子国豪还好吗？下次写信时，记得跟我说说他最近的变化。

  真希望你们现在就在香港，不用等到明年再来。天呐，等你们过来后，想必你一定会忐忑得发疯吧——绝对如此。其实，你也不必忧心自己该如何表现，船到桥头自然直。

  明天我们会去购物。我要去给你选一枚钻戒。②至于衣裳，我想最好还是等你亲自过来挑选喜欢的款式吧。然后我们就顺道去夏威夷和日本度蜜月，当然，香港也算在行程内。宝贝，这趟旅程一定会让你终生难忘。我保证！

  武馆的事就先哪儿凉快哪儿待着去吧。

---

① 曹敏儿后来也定居美国了。——译者注
② 因为琳达与李小龙结婚时没钱购买"真的"钻戒，所以李小龙承诺会尽快补送她一枚货真价实的钻戒。

致琳达

寄自香港，九龙，1965年2月22日中午

1965年2月22日

琳达：

虽然具体日子还未正式定下来，但我打算三月六日就走，从今天算起还有十一天。

今天是星期一，我收到了两封你的回信，一封是十七日的，另一封是十八日的。不论是你回信的日期，还是西雅图邮局送信的邮戳，似乎都总比我的信延迟很多——我的意思是，我的信在路上耽搁了不少时日。无论如何，我明后天都会给你打电话的。

今天没法打给你了，因为玛丽（Mary）阿姨的丈夫谢先生特别安排要放映一些中国功夫片。这可是个千载难逢的好机会，没准他能把那些33毫米的胶片缩印成8毫米的，这样我就可以买下来了。

明天我会再跟曹太太一道出门，去给你打电话——但愿这次能成。如你所知，我真的很期待下一次的香港之旅，届时你、我还有国豪肯定会度过一段美好的时光。如果二月份不能成行的话，那我们改日一有空就要踏上旅程。贵也好便宜也好，不管怎样，我们都要去——去他妈的鱼雷，全速前进！[①]

[①] 原句"damn the torpedo, full speed ahead!"是海军少将戴维·法拉格特（David Farragut）的名言。莫比尔海战时，戴维·法拉格特的舰队遭遇鱼雷袭击，关键时刻他怒喝"去他妈的鱼雷，全速前进"，从而拯救了整个舰队。这句话也由此广为人知，并频频出现在流行歌曲或电影台词里。——译者注

回去的时候我就不给你带衣裳了,之前也说过了,你不在这儿不太好选。不过,你放心,我肯定会给你带礼物的。下次旅行时,你大可自行挑选心仪之物。

爱你不渝的

小龙

　　又及:国豪那小家伙现在长成什么样了?

致琳达

寄自香港,九龙,1965 年 2 月 26 日中午

1965 年 2 月 25 日

琳达:

今天收到了你的回信。

能跟你通上电话,真是再开心不过了,听到你的声音我无比欣慰。趁我还没忘记,先告诉你我的航班号。我将乘坐西部航空公司的 624Y 次航班,于晚上十点零七分抵达西雅图。我打算在那儿待个一星期左右,看看情况再说。对了,我返程的日期是三月六日星期五。

听说国豪又长大了,真叫人高兴。我简直等不及想见他了——对你的思念自是更不待言。我一直梦想着与你一道漫步香港的大街小巷,那一定很棒。天呐!我真的无比期待下次旅行。

告诉武之、兰斯顿(Lanston)、查尔斯等人,我归期在即,即将与你们重聚。

爱你不渝的
小龙

又及:届时,别忘了最后再去确认一下航班是否准点、我有没有及时登机等等。

致琳达

寄自香港,九龙,1965年2月27日下午4点

1965年2月26日

琳达:

还有八天我就身在西雅图了。老天,有时我真希望自己一开始就没回香港来。

我觉得自己似是瘦了,但不知瘦了多少斤,只是从脸上能看得出来——你是知道我的,一瘦脸型就跟着变了。

没错,我确实觉得你今后应该加强锻炼,至于现在嘛,就先

琳达与李小龙的合影。

好好调养身体吧。读了你的信,我猜国豪这小家伙肯定变得胖嘟嘟的了吧——照他那种吃法,不胖才怪。

我很期待下次旅行——我们要一路买遍全香港!做好准备吧。这趟蜜月之旅,保管教你乐不思蜀。

我给你母亲买了一个钱包,要是手头还有富余的话,我可能还会再多带点礼物给她。不过,抛开钱的问题不提,你也知道美国海关有多麻烦,所以我会看着办的。

今天我把你寄来的尺寸和头发都拿给发型师看了,想在那儿选一顶适合你的假发。价格不算太贵,毕竟都是真发做的,大概也就350到450港币吧——差不多比美国便宜一半。

我有些书要托运,得先去打包了。万望珍重,一星期后见。

> 爱你的
> 小龙

致琳达

寄自香港,九龙,1965年2月27日下午4点

1965年2月26日

琳达:

现在是晚上九点二十,曹太太刚从我家回去。今天我和她一道去理发店,替你订购了一顶假发,大概花了90美金的样子。我委托发型师先给假发定个型,回去之后你可以变换自己喜欢的造型。发型师正在找跟你发色相近的头发。

除此之外,我还给你买了一枚钻戒。具体款式现在暂时保密,到时你亲自打开来看。我在珠宝店还另选了一对詹姆斯(James)的翡翠耳环。待明日去取钻戒时,我再给你母亲买份礼物。

明天就是星期六了,距离六日,也就是我打道回府的那天,尚余一个星期。我六日出发,六日抵美。但其实不是同一天,因为香港与美国有一天的时差,这边要早一些。总之,六日晚上我们在西雅图见,然后再在那儿待上一星期左右。

我又多买了两本自学粤语的小册子给你。你最好多练练粤语,毕竟不出一年我们就会一起踏上香港这片土地了。待回美国时,再顺道游览一番夏威夷和日本。一定得去!那可是我们的蜜月旅行。

对了,这次我从香港带回去的礼物里也有你的生日礼物。我会把它们全都放得妥妥当当的,但愿海关不会抽查我的行李。

明天我要去试穿订制的三套西装和一件上衣,至于那两条新裤子就更别提了,简直光鲜至极。不过,跟我要送你的东西比起

来，仍是略逊一筹。希望我能神不知鬼不觉地带着它们通过边检。我可付不起那么多东西的关税。事实上，从明天起我就要宣告破产了。等你见到我时自然就明白了：假发、戒指，等等等等。

晚安，亲爱的老婆。

小龙

致琳达

寄自香港，九龙，1965年3月1日下午3点

1965年2月29日

琳达：

香港今天是星期一，你二月二十三日和二十五日的信我已一并收到。

镜海给我写信了，他那边似乎一塌糊涂。当然，没准是他有点夸大其词。还有，迪基①现在每天都开那辆普利茅斯（Plymouth）②上班，镜海说我们可能得另买一辆。不管怎样，这些事还是等我们在西雅图碰面后，再作计较。按我这边的日期算（比你那头早一天），还有五天就能见到你了。

镜海好像还没把波波③领回去。但愿我们到那儿后，能帮忙缓解一下这团乱象。另外，把我们差你母亲的账写给我，诸如医药费之类的，我会全部结清的。

忠琛今后很有可能就留在香港了——起码也会待上一年。他打算在这里教书。至于秋凤④，我想她应该八日就走。

兰斯顿给我写了一封信，表达了他的哀思。彼得·琼斯前阵子在香港，现已去了日本，两三天后应该就会回来。对了，四月初他就要搬去温哥华定居了。

---

① 迪基（Dickie）是严镜海的继子。
② 汽车品牌。——译者注
③ 波波（Bo Bo）是严镜海养的一只拳师犬。后来，李小龙和琳达也养了一只名叫"波"的大丹狗，这种狗很不好养。
④ 即李小龙的二姐李秋凤（Agnes Lee），生于1938年。——译者注

我真希望自己现在就在西雅图，或者你在香港也行。我一个人无聊极了，正在床上给你写信，所以字迹才这么歪七扭八的——跟我平时的笔迹可没得比。我以前有跟你说过，我的书法其实很不错吗？好吧，管他呢……

　　在床上写字蛮累的，况且这页信纸也差不多快写满了，那么宝贝，咱们就五天后见吧。对了，来机场接我时不用带上国豪，别叫醒他，我直接回家见他便是。他现在是不是越长越可爱了？我都说不上来了呢，等你寄照片给我。

爱你的
小龙

致琳达

寄自香港，九龙，1965年3月3日中午

1965年3月3日

琳达：

你二月二十七日的回信我已收到。

真够奇怪的，香港的三月六日也是星期六（我查了美国的日历，那边也是星期六）。不管怎样，机票上确实写得清清楚楚，我将于三月六日动身启程，并在当天航抵旧金山，具体说来是三月六日晚上九点左右。

一小时后，我会转乘西部航空飞往西雅图，落地时间为晚上十点零七分。航班号是624Y。现在就以这个信息为准吧。等到了旧金山国际机场，我无论如何都会给你打个长途电话。

那些彩照竟然报废了，真是可惜。看来为给国豪拍照，咱们得买个好点的相机。

今天是三日，再过三天就是我返程的日子。我有一大堆话要跟你说，简直迫不及待想回家了。

希望这封信能准时寄到，虽然我对此深表怀疑。不管怎样，我都会把信寄出去，到时候就知道了。我会在旧金山机场给你打电话再确认下航班信息。

今天下午，我要和玛丽阿姨的丈夫谢先生一起喝茶，他是个制片人。之后我会去曹太太家，回香港后，我几乎天天都去拜访她。

好了，先就这样吧，虽然我还有很多话想和你说。

静候重逢,亲爱的老婆。

爱你的
"中国詹姆斯·邦德"[①]

[①] 詹姆斯·邦德(James Bond)是《007》系列小说、电影中的著名特工。——译者注

致木村武之

寄自香港，九龙，1965 年 5 月 10 日

亲爱的武之：

我又在香港给你写信了。琳达和我已经在这儿待了差不多三天了，除了愈发炎热的天气外，这里的一切她都很喜欢。她从没生活得这么舒心过——你知道的，我家里请着些佣人。

我打算在香港待三个月左右。一旦接到二十世纪福克斯电影公司的来信，我就得立马返回好莱坞试镜或拍样片。你可能也听说了，我已经和经纪人贝拉斯科（Belasco）签了约。他同时也是尼克·亚当斯[①]和其他诸多影星的经纪人。

记得随时告知我武馆的情况。若要寄东西给我，就请寄往香港的地址。

对了，需要我在香港替你买点什么吗？请别客气。

我会及时告知你我的行程。

保重，祝愉快。

小龙

[①] 尼克·亚当斯（Nick Adams，1931—1968），美国演员。——译者注

致木村武之

寄自香港，九龙，1965 年 5 月 30 日

1965 年 5 月 28 日

武之：

之前我一直带着琳达到处游览，所以拖到现在才给你写信。

除了天气炎热外（其实并不如 1963 年那会儿热），琳达相当享受在香港的每分每秒，还定做了不少衣裳。

我在这边等福克斯公司通知我回去参与拍摄，估计还有两个多月吧。虽然那边已有签约意向，但这次的合作也并非板上钉钉，大概有七成的把握。起码经纪人是这么跟我说的。

这阵子我一直在家教兄弟和朋友们一些拳脚功夫。他们全都热情高涨，我也在想方设法地化繁为简，将那些招式变得更自由流畅、无所束缚。

大山①的那本《这就是空手道》（*This Is Karate*）出版了，读来很有趣，里面讲述了很多中国古代的武功路数。不过若论实战，未免差强人意。他在书中表示，功夫理论应该更可靠更实用才是。

听闻克莱②和利斯顿③要进行二次对决，我相当震惊。如果没

---

① 大山倍达（Mas Oyama，1923—1994）是日本著名空手道大师。
② 穆罕默德·阿里（Muhammad Ali，1942—2016），原名小凯瑟斯·马塞勒斯·克莱（Cassius Marcellus Clay Jr.），美国拳击运动员。——译者注
③ 索尼·利斯顿（Sonny Liston，1932—1970），美国拳击运动员。1964 年 2 月 25 日，拳王利斯顿首次迎战初出茅庐的阿里，万众期待之下爆冷战败。1965 年 5 月 25 日，再战，复败。——译者注

什么猫腻的话，利斯顿一定有办法对付克莱那强有力的直拳了。

另外，要是有弟子交了会费，希望你能寄些给我，在此先行谢过。

记得告诉我众弟子的练武进展，还有你和查尔斯的也不例外。

小龙

致木村武之

寄自香港,九龙,1965年6月8日下午6点

1965年6月7日

武之:

  谢谢你寄来的信和钱。克莱和利斯顿的对决结果,我也大为吃惊。如果这场对战确实没有掺杂什么其他因素的话,那我只能说,利斯顿显然操之过急,而克莱的右拳又是如此强劲有力,就连利斯顿都招架不住。

  你说得没错,利斯顿追击对手的动作太慢,但克莱是不是真有那么快,还得等他与其他速度型选手交过手后才见分晓,最让利斯顿无力招架的其实是克莱的拳击风格。

  如此一来,这位"我可不这么认为"先生终是步了政房(Masafusa)的后尘,就此出局。真是凄惨,抛开他那些恼人的行径不提,这家伙有时其实也挺招人喜欢的。

  至于你提到的那人,他平时极其懒惰,但又喜欢卖弄一二。所以听说他还能从睡觉和赌博中抽出时间去唐人街辱骂中国人,我还真有点吃惊。不论是技巧还是基本功,你早就远胜于他。虽然他嘴上可能说得天花乱坠的,但心里实是对你有所忌惮。我没有开玩笑。稍微捧他两句,那个笨蛋就会在你面前大秀他那些花拳绣腿。要是有时间,你也可以向他讨教一两招(他大概是从书里自学的吧)。那些招式根本不值一提,多说无益,日后你自会明白。自从我们相识后,他的武术风格就变了。

  查尔斯竟然买房了!他究竟买来干嘛?他要结婚了还是怎样?

等我空了就给你讲讲木人桩的训练方法,这样你也好借助木人桩磨炼一下武艺。

说起武功路数,我自创的拳术已基本成形,不过得等到见面时再单独跟你解释。① 这个构想笼统地说来就是:我们不摆桩② 便很难朝对手发起攻势(由此也就没有任何预设套路和限制),同理,若我们根本就没有固定招式和套路(但得遵循不可动摇的第一原则),那对手便更难找到破解之法。时机和距离乃是基础,但咏春拳法才是核心(即最重要的基础)。

对了,罗伯特·怀斯③ 欲找我洽谈《圣保罗号炮艇》④ 中的一个角色。

小龙

---

① 李小龙这时已经开始在振藩国术馆以外的地方教授颠覆传统的新功夫。他回香港创立的这种武术最初叫"振藩拳"。1967 年,他正式将其更名为"截拳道"(截击拳头之道)。此后不久,他开始全面质疑功夫套路和武馆的理念,认为这些条条框框阻碍了习武之人追求武术的真谛。出于这个原因,他在 1970 年 1 月关闭了名下的所有武馆。
② 摆桩(bai-jong)是功夫中的预备动作。最初,李小龙用这个词指代咏春拳的经典格斗姿势。后来他认为截拳道的警戒式(on-guard position)更自如流畅,便弃用了咏春的准备姿势。
③ 罗伯特·怀斯(Robert Wise,1914—2005)是美国电影导演、制片人。——译者注
④ 《圣保罗号炮艇》(*Sand Pebbles*)是由李小龙后来的弟子史蒂夫·麦奎因主演的一部电影。信中提到的角色大概是扮演一名亚裔拳击手的配角,李小龙最终落选了,后由美籍日裔演员岩松信(Mako)出演。

致严镜海[1]

寄自香港,九龙,1965年7月30日早上8点

1965年7月29日

镜海:

一小时前收到了你的来信。谢谢你对木人桩提出的建议以及推荐我订购的那些书。

你问及的反击技巧,我稍后再跟你讲解,等我先把这封信写完。回头我会另写一封航空信,图文并茂地向你解析小念头。

此外,我们已经完成了整套小念头和许多其他招式的拍摄,一概由家师叶问亲自上阵演示。现在拍好的照片已逾130张,全部拍完后估计会超过200张。等我的书一出版,这些照片定会显得弥足珍贵。因为家师叶问虽是咏春宗师,但此前还从未拍过照片。他老人家今年尊寿六十有六,我想这些照片多年后会成为绝无仅有的一套。

很高兴听闻约翰尼·蔡(Johnny Choy)要来香港——你来不了真是太可惜了。

摆桩是很有用,但其他的技巧就没那么精妙了。那位梁老师傅患有哮喘,近来病沉,无法再继续教我其他招式。要是时间允许,我还是希望能尽量多学些别门别派的功夫"杂烩"[2],以

---

[1] 严镜海(James Yimm Lee,1920—1972)是李小龙身边最亲近的朋友之一,也是一位优秀的武术家。

[2] "杂烩"是李小龙对部分武术家的戏谑之词。在李小龙看来,这类武术家不过是将中华武术的各种招数套路随意结合起来,东拼西凑后就轻率地标新立异,全然不顾功夫重视精简、直接和有效的原则。参见《功夫之道》。

形成我自己的风格。最近我也没别的什么事，几乎天天都在钻研这些。这下你知道"李师傅"过得有多不容易了吧！

很高兴你没把那些柚木家具卖给鲍勃（Bob），我打算一回去就从你手上买过来。老兄，别老惦记着那多出来的200美金。你不必付给我。

你没弄懂的那个反击技巧我画在下面了。这招在起势、出招或收势后都可以进行反击。

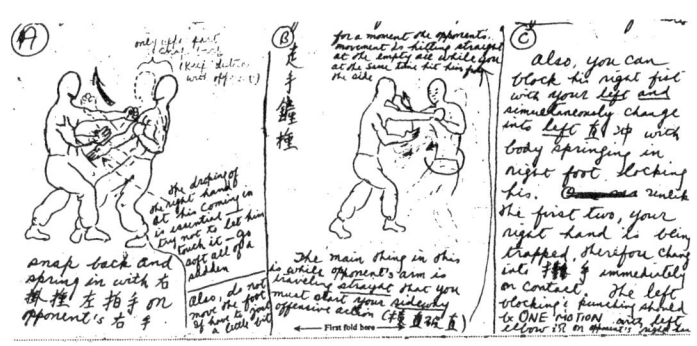

严镜海（左）与李小龙——摄于1969年

致严镜海

寄自香港,九龙,1965年8月1日早上8点

1965年7月31日

镜海:

  我在完善咏春拳的过程中,以原本的黐手为基础,新增加了一种近身格斗术——渐进间接攻击法。渐进间接攻击法能演变为黐手。

  若对手防守严密、动作迅捷,足以化解诸如直冲捶、插指、诱击等简单攻势,那这时就可以采用渐进间接攻击法制敌。

  渐进间接攻击法(以下简称IPA)以佯攻为基础,而佯攻就是要诱导对手进行躲避或格挡。记住,尽管佯攻一般包括两个动作(有时是三个动作,绝不会再多了!),但整套佯攻一定得一气呵成、动作流畅。以下要点可以帮助你深入理解佯攻之道,令你更快更安全地攻破对手的守势。

  1. 第一个动作(佯攻)一定要做得既长且深(即要有渗透性),从而诱使对手闪避。第二个实际的动作(真招)务必快速果断,一招制敌——先长拳,再短拳。即便要连续做两个假动作,第一次佯攻也务必深入,逼迫对手闪避防御——先长拳,次短拳,再短拳。

  2. 缩短距离:为缩短与对手的距离,你得在佯攻时就要将预备二次攻击的那只手伸出一半,由此你的第二个动作就仅剩一半距离了,这便是渐进攻击。

  3. 争取时间:诱骗对手闪避,你就争取到了时间,即使你速

度较慢，也能击中他。掌握好手臂从左往右（或从右往左、从上往下、从下往上）交叉动作的时机，从而找准攻击方向。即是说，你的移动方向要与对手的进攻方向保持一致——当对手的手臂交叉运动时，也就意味着他要展开攻势了。如此一来，对手受到第一记佯攻的诱骗会进行防御，而你的第二个动作（换言之，就是继第一个假动作之后的真招）肯定会先于对手的防御动作，进而攻破他的守势。

希望你深入琢磨了上述要点后，能对渐进间接攻击法有个大概的了解。切记，你得根据对手的动作来调整自己的速度。

我的那套功夫体系已略具雏形——这一体系的主干是咏春拳，另外又结合了击剑和拳击。至于训练，我还有其他的练功方法。等我全部构思完毕后，会通通写下来。

天呐，我自创的拳法就要成形了！

小龙

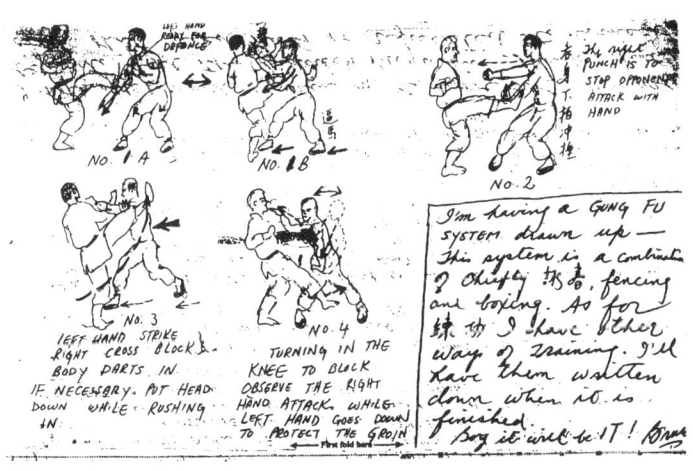

致严镜海

寄自香港,九龙,1965年8月7日下午4点

1965年8月6日

镜海①:

以下是一个供你参考的武馆训练教案:

Ⅰ.热身训练:这通常是练功前"必不可少"的一步,为的是增强身体的柔韧性,活动身体的主要部分,具体内容包括:

1. 腰 —— 扭腰、弯腰(向前、后、左和右)、转腰。

2. 腿 —— 主要是压腿或踢腿(前踢和侧踢)。

3. 肩 —— 转动双肩并向后拉伸。

4. 臂 —— 主要是做俯卧撑,或者做点你认为有用的负重训练也行。

5. 腕 —— 绕腕、屈腕,还可以在腕上负重。

可自行钻研些能在武术训练中提高身体机能的新方法 —— 别管什么传统模式和固有理念。

Ⅱ.拳功:吊纸②、朝搭档的面部空击、打沙袋等等。

Ⅲ.踢腿:朝搭档的面部空踢。

Ⅳ.技术训练:可采用此前的老办法,或是练习你学过的任何实用的招式。

---

① 原文为"Jimmy"(吉米),即严镜海的英文名"James"(詹姆斯)的昵称。——译者注
② 吊纸是提高直拳命中率的训练方法。先在天棚上吊一页纸,然后用直拳快速连续地猛击它,如此反复练习,有助于增强出拳的冲击力。——译者注

好好利用木人桩和咱们那间堪比少林寺的武馆中的各类练功器械。这于你应是一项挑战，不仅要创造新的训练方法，还要吸纳空手道、柔道、合气道及其他武术流派之长，形成自己的反击路数，从而完善现有的训练模式。

这个过程一定相当有意思！

小龙

致严镜海

寄自香港,九龙,1965年8月8日晚上8点

1965年8月7日

镜海:

收到你的回信,得知你和吉米·王(Jimmy Ong)正一道刻苦练功,我甚是高兴。

下图是破解勾脚的常见招式。(其实,从距离上看,他若想如此近身上前,就势必会被你出拳击中或遭你攻击……)

至于那位七十三岁的台湾大师,他说那个"逃兵"① 最终没能

---

① "逃兵"是李小龙给一位中国武师取的绰号。1964年,这位武师与其他三个武术教头曾一道跑去李小龙的武馆,向他下最后通牒:要么停止教外国人功夫,要么接受比武挑战。李小龙接下了战书,但比试刚一开始,挑战者却拔腿就跑。李小龙追遍了整个武馆,最终抓到了他,逼他认输。但这么一圈跑下来,李小龙也喘得上气不接下气,他不禁开始重新审视传统武术。这件事遂成了他创立截拳道的诱因。

开成武馆是拜他所赐，纯属一派胡言。首先，这老师傅难不成是个疯子？难道他到处去踢馆，弄垮人家的武馆吗？如果他真还老当益壮要做这种事，那么，那些自命不凡的武师就会是首当其冲的受害者。有道是"共生共存，互不干扰"，归根结底那个"逃兵"开没开武馆，本就不关这老头的事。再者，一个七十三岁的高龄老者也没法四处动武，充其量也就能动动嘴皮子了。

而至于那个"逃兵"，他开武馆只不过是浪费时间，唯有一样东西他还能教那么一点皮毛——健身操！他找我决斗，竟毫发无损地逃过一劫，我简直越想越气！如果我能从容应对也就罢了，但我真是气不打一处来——那种人根本一文不值！

小龙

致严镜海

寄自香港，九龙，1965年8月13日晚上10点

1965年8月13日

镜海：

迪基真是太不幸了——他应该及时结清那些停车费的！在中国，人们老说政府有两张嘴，巧舌如簧，随便找个理由就能起诉你。

很高兴听说你正在练习小念头，更复得知你已领悟小念头实是一切咏春拳法的基本。为了加强训练效果，我建议你在做"摊手"和"收拳"时在小臂上套铁环，因为铁环的重量可以模拟出对手向你施加的阻力。

不同于单靠想象，铁环能让你真切地感受到手臂在由内而外地慢慢发力（要点：手指和手腕要放松！！！）。我已向家师示范了我的铁环训练法（我做了8个铁环，每个3磅[①]重）。在我跟他说明后，他也认为练习小念头时，做出"摊手"动作后就应接着"收拳"，而"收拳"后就应彻底收势，不再接下一个"摊手"。由此，铁环会向练习者施加必要的阻力，从而帮助练习者在手指与手腕放松的情况下直接发力。佩戴的铁环越多，阻力也越强劲。这个方法可以灵活有效地锻炼"长桥力"，不会害双手僵直发硬。这种循序渐进的现代化负重训练的确行之有效。任何能完善咏春拳的方法都应为我们所用。

[①] 约1.36千克。——译者注

另外，我可没有那个荣幸再碰到"逃兵"或是你提到的那个人。他们不是已经回去了吗？至于寻桥和标指，还是等我回去当面教你更容易一些。

截至今日，我还没有收到蛋白粉，不过相信明后天应该能到。为此你破费了多少呢？对了，我的壁橱里是不是有一堆杂志？要是没有就算了，一定是我打包整理过了。

保重，老友。

小龙

致严镜海

寄自香港,九龙,1965年8月17日晚上8点

1965年8月16日

镜海:

我收到了你的第一封航空信。若是没什么别的东西要随函寄出,那寄航空信还真是明智之举,这样省钱多了。

你的肘击不错,不过一定得在(用右肩和左手)格挡的同时或之后,再肘击对手,而且千万不要用马步,因为如此一来你的一半重心都在前腿上,倘使对手大力一扫,你就危险了。重心应该多放在后腿上。抬起右肩这点也很重要,借此能让对手失去平衡、身体前倾,刚好顺势施以肘击(也许还可以再加一招锁臂,无需多余的动作就能做到——值得一试)。

关于某些弟子习武的资质,你说得没错。既然你已经知道了他们的短板,正当见不贤而内自省——提高自己的力量、速度、整体的灵活性和精神境界(自信心、杀手本能等等)。不论修习哪种功夫流派,这些都是要求必备的基本资质!

你提到的那位仁兄,总的来说是个好人——不要老当着他的面心不在焉地瞎胡闹就行。如果你要开练,那就尽力做到最好,别流于表面。他这人喜欢到处指指点点的,看热闹的外行全都这样。

要是你成功地改进了木人桩的设计,或者发现它确有改进的余地,请务必告知我。我还一个都没做出来过呢。

至于你请的那位日本洗衣女工,我唯有祝你好运——谁说得清呢!她或许真能帮到你,如此你就有时间旅游和练功了。很高

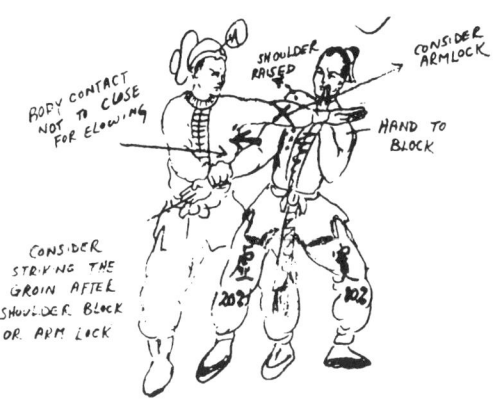

兴听说你为众弟子安排了不错的训练方案。

另外,出了那件麻烦事后,迪基现在如何?

国豪正一天天长大,这小子有练武的基本资质和杀手本能[①]——他开始尖叫了!

再会,我得去照顾"小师傅"了。

保重。

小龙

---

① 这里的"杀手"形容国豪的动作狠厉果敢,肢体自主控制能力和执行力较强。——编者注

致李鸿新[1]

1965 年 12 月 18 日

鸿新：

很高兴之前能在奥克兰见到你。

握力器的事（还有下撑杆、名牌等等）我得再次谢谢你，你做出来的东西总是很专业。

我的握力和前臂力如今都大有提升——多亏了你的腕力轴。

去好莱坞或香港之前，琳达和我会先来奥克兰待一个月左右。与 20 世纪福克斯公司已谈得八九不离十了，如果最终不能达成协议，那么香港还另有两份合同在等着我。

我们在奥克兰期间，希望你能来家里坐坐，一星期至少来一次吧。我想把所有的功夫路数通通教给你。你一定会获益良多，而我也相信你不会故意在其他弟子面前显身手。

我画了下面的草图，给你看看海军头套[2]的样式：

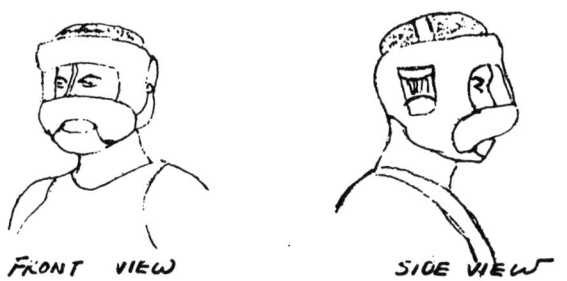

---

[1] 李鸿新（George Lee，1916—2013）既是李小龙早期收授的弟子之一，亦是他的好友。他是李小龙碰见过的最有天赋的工匠。两人交情甚笃，李小龙的大部分练功器械以及展现其武术和哲学理念的艺术创作，均出自李鸿新之手。
[2] 李小龙设计的海军头套是由美国海军进行拳击训练时使用的头套改造而成，非常坚硬。——译者注

李鸿新依据李小龙的设计打造出的握力器。

护具无疑是功夫中最重要的发明。它能将功夫对决的水准提升至不可估量的高度。要维持功夫优于其他格斗体系的绝对地位，护具必不可少。你造物工艺精湛，定能做出功夫史上第一件实用护具。你的这项贡献将为世所传。功夫需要它！[①]

我已经给镜海写过信了，让他全力协助你。如果你需要帮忙尽管给他打电话。方便的话，还请尽早开始实现这项伟大的构想，全身心地投入其中。接下来就全仰仗你了，因为其他人都没有像你这样的热情和能力。

保重，朋友。

李小龙

---

① 值得一提的是，李小龙的创新理念重在增强格斗训练的实用性，这一点无疑催生了以实战为导向的武馆教学理念，进而甚至还影响了其他武术运动，例如全接触空手道。

一九六六年

致李鸿新

1966年3月31日

亲爱的鸿新：

  此番来函只是想知道我最得意的弟子近况如何。很抱歉我无法如约教你功夫，只因和20世纪福克斯公司的合作有了点小变动。这些严镜海可能都跟你说过了吧。不管怎样，《青蜂侠》预计会在今年九月开播。

  眼下，我正在好莱坞，跟着首屈一指的戏剧表演老师杰夫·科里[①]学表演。

  在电视剧开拍前，我会开设功夫私教课。截至目前，基本已定下来的学员有史蒂夫·麦奎因、保罗·纽曼[②]、詹姆斯·加纳[③]、唐·戈登[④]和维克·戴蒙[⑤]。学费大概是25美金一小时。

[①] 杰夫·科里（Jeff Corey，1914—2002），美国演员，同时也是一位顶尖的表演老师。——译者注
[②] 保罗·纽曼（Paul Newman，1925—2008），美国导演、演员、赛车手。——译者注
[③] 詹姆斯·加纳（James Garner，1928—2014），美国演员。——译者注
[④] 唐·戈登（Don Gordon，1926—2017），美国演员。——译者注
[⑤] 维克·戴蒙（Vic Damone，1928—2018），美国演员、歌手。——译者注

很高兴听闻你准备重新跟着镜海学功夫,你应该持之以恒,尽量多去他那儿。不懂就问,按照那晚我跟你说的去做。

我已彻底改进了攻击五法,这事连镜海都还不知道呢。但愿下次碰面时,能有时间示范给你看,好好教教你。鸿新,你真的具备习武的潜质,凭你的态度日后定能出类拔萃。

五月底,《青蜂侠》就将正式开机拍摄。到时候我一定忙得要死,不过一旦得空,我就会来奥克兰一趟,咱们一起出去吃顿晚餐。

保重,朋友,有空给我回信。另外,若非你知根知底的弟子,就请勿轻易把我的地址给他。

谢谢。

小龙

致弗雷德·佐藤①

1966 年 4 月 9 日

亲爱的弗雷德：

我没从香港而是从洛杉矶给你写信，你可能会有点意外吧。《蝙蝠侠》大获成功（尽管我觉得那片子有点傻），以至于《青蜂侠》在无剧本、不试播的情况下就急忙提上了日程！换言之，这部电视剧下个季度肯定会播，准确来说，就在今年九月。

现在，20 世纪福克斯公司把我送进了戏剧学院，由好莱坞顶尖的表演老师杰夫·科里授课，课时费一小时 70 美金（要是让我自费，我就告诉他们不必多此一举了！②）。表演课一星期上三次，我获益良多，演起戏来更加游刃有余、不露斧凿之痕 —— 要演得不像是在演戏，追求自然而然，这无疑是最难企及的。无论如何，片子五月二十三日就将正式开拍。

我在剧中饰演加藤（听着不像中国人的名字，对吧）一角，他是青蜂侠的左膀右臂。这家伙不依靠任何武器，全凭一身武艺制敌……

眼下，除了去上表演课，我还打算开设功夫私教班，月底正式开课。届时，史蒂夫·麦奎因、保罗·纽曼、维克·戴蒙、汤米·山德斯③等人应该都会来学功夫。

这样也还不错，起码在开机前的这两个月我能赚点零花钱

---

① 弗雷德·佐藤（Fred Sato，1927—2017）是位柔道家，也是李小龙在西雅图结识的朋友。
② 意思是说，如果李小龙得自掏腰包学习表演，那他就会告诉片方他的演技已经相当精湛了，从而省下这笔天价学费。
③ 汤米·山德斯（Tommy Sands），生于 1937 年，美国歌手、演员。——译者注

1966年发行的明信片,上面印有凡·威廉姆斯①与李小龙的头像,以及两人饰演青蜂侠与加藤的带妆剧照。

(授课费一小时25美金)。我不仅自得其乐,还能借此养家糊口。从经济的角度来讲,这份工作最令我满意。

等你空了,记得给我回信,跟我讲讲你的近况。请代我向艾米(Amy)问好。想必你的女儿都已成长不少了吧,尤其是最小的那个姑娘。

保重,朋友。就这样吧,我打字真是相当慢,差不多是在求神了。

小龙

---

① 凡·威廉姆斯(Van Williams,1934—2016),美国演员。——译者注

致木村武之

1966年4月18日

武之：

很高兴收到你的来信。我在洛杉矶一切都好。不知有没有跟你说过，开机的日子已经敲定了（尽管青蜂侠的选角仍悬而未决①），就在下个月二十三日。

对了，我要搬家了，搬去另一幢"相当酷"的公寓——巴灵顿广场公寓（Barrington Plaza）。那是一栋高27层的豪华大厦，配有门卫、泊车员、洗衣及干洗服务、奥运会规格的泳池、纯羊毛地毯、现代化厨房（洗碗机、嵌入式炉灶和烤箱等等）以及宽敞的电梯——我住23楼（楼层越高，价格越贵）。话至此处，索性再跟你多说两句。

虽然这房子是很不错，但我可绝不会为此支付每月300美金的房租（这里的确就是这个价）。谁料其中一位房主想跟我学功夫，于是我就跟他谈了个好价钱。我现在住的地方月租120美金（洛杉矶的房价普遍偏高，尤其是西区），而我要搬去的新公寓一个月才140美金！想想看，多划算呐。140美金就能享受到我刚才提及的所有服务，像是门卫、泊车员、保安、家政等等，噢，还外带一个漂亮的早餐台。

顺带一提，蝙蝠侠和罗宾（Robin）也住那儿。② 所以，只要

---

① 负责拍摄《青蜂侠》电视剧的格林威制片公司，在确定由凡·威廉姆斯出演青蜂侠的数星期前，就率先与李小龙签订了饰演加藤的合作合同。
② 蝙蝠侠和罗宾分别由亚当·威斯特（Adam West）和波特·瓦德（Burt Ward）饰演。

花两小时教教房主功夫，我差不多就只用支付一半房钱了。巴灵顿广场公寓在这里很出名，你真该亲自来欣赏欣赏——小区内部堪比一座公园，周围耸立着两栋27层高的摩天大楼，底层建有各式各样的商铺等等。听人说，住在这儿你一整年都不用外出买东西！

公寓的事就暂且讲到这儿吧。听闻弟子全都对武馆忠心不二，我甚感欣慰。我想克里斯应该足以升上三级了吧。他习武的诚意当然不容忽视，但他的怠惰和不求上进就得另当别论了。既是如此，这事就交给你负责，你掂量掂量，看看怎么做合适。你是主事的首席教头，他的事你来决定——至于其他弟子，也是一样。你完全有权授级，事实上，你也是唯一一个有资格这么做的人。所以，直接把你的决定告诉我就行。另外，如有需要我盖章的会员卡，就让弟子先寄给你，你再转寄给我便是。

还有件事我要告诉你，也给大家都提个醒。南加州日美协会近日举办了一场武术表演，主题是"防守的艺术——合气道、柔道、剑道与空手道"。整个武术表演由H.N.领衔，我和《黑带》杂志的前发行人埃德·荣格（Ed Jung）也到场观摩了。委实令人大失所望！四年前H.N.在华盛顿时就开始走下坡路，如今俨然是个糟老头了——出手太慢、动作走样，更遑论展示什么精湛的技巧——就连他自己的经典招式都做得差强人意。这和上次我见到他时，简直判若两人。之前，他起码还可以中规中矩地做做示范表演，一招一式既准且快。这真是印证了中国的一句老话，"曲不离口，拳不离手"。所以我们一定得练习、练习、再练习。不过若论合气道，就得另说了！那根本不切实际。个中高手或许也是有的，但他的力量唯有在与同门过招时才能体现出来，只有那样的对手才会配合他，为他体内的流动之气①所左右。

武之，比起你提到的那些武术家，你自己身上其实更具难能可贵之处——不迷信传统权威，能借助武术精简迅速地表达自我。我越是观察那些备受西方推崇的空手道家，便越是觉得公众盲目得可怕，这种虚浮不实的花拳绣腿他们竟照单全收，甚至都没拿他们自己那套注重实用的拳击运动去分析比较一下！倘若你想在功夫上有所造诣，那就得摈弃一切传统武术的糟粕，直取武学精简直接的本质。你言及的那些武术家他们所传授的招式和传统技法，全是"有组织的抱残守缺"，只会误人子弟，害他们脱离实战。像这样的练武之道，实则是一种麻痹，原本自如流畅的东西也会因此受限固化。别听信那些谬论浅见，那无非是引导你循规蹈矩地盲目用功，学些一无是处的套路和绝技。

即便一个传统武师出招迅猛，也没什么值得大加称赞的——他们总是试图设定一个节奏，而不是去适应瞬息万变的节奏。实战的节奏随时在变，继而，还得考虑敌我双方的反应速度等诸多因素。大多数防卫术都是"一潭死水"，因为那些传统技艺在实战中根本无法"擒拿"和"固定"不断变化的动作，他们误将原本鲜活的招式剖析得如同僵尸一般。归根结底，真正的对决不会一成不变，它们绝对是"不腐活水"。

最近我一面学表演一面教功夫（就是以前在武馆教的那些，无甚特别），忙得不可开交。今晚，我受邀去好莱坞出席奥斯卡颁奖晚宴，尼克·亚当斯（他恐怕是黑带吧）、萨尔·米涅奥②等人也会应邀出席。

---

① 日本所谓的"气"就是中国所说的"内力"。
② 萨尔·米涅奥（Sal Mineo，1939—1976），美国演员。——译者注

之前说过的那些功夫技巧，一有时间我就拍下来寄给你。这星期我会去拉斯维加斯见见辛纳屈①，不过具体行程尚未敲定。

祝你的日本女子功夫班办得顺利。教女孩子得有点创意，琢磨一下她们的兴趣所在，别偏离功夫的核心主旨即可。等我得空，就帮你出谋划策。

保重，挚友。

小龙

---

① 弗兰克·辛纳屈（Frank Sinatra，1915—1998），美国歌手、演员，他是20世纪流行音乐的领军人物。——译者注

致弗雷德·佐藤

1966 年 5 月 4 日

亲爱的弗雷德：

感谢你的来信，信寄到了我的新住址，就是信封上的那个。上个月二十日我已乔迁新居。

这么说，你现在在华盛顿大学教书？不知感觉如何？用得着临阵恶补一番吗？

另外，那位李·卡梅伦（Lee Cameron）先生究竟有何贵干？我还没收到他的来信。我对他的所求有些好奇，对此你清楚吗？武之也还没跟我联系。

电视剧的开机时间有所调整，改到了六月一日，首播定于九月九日。眼下，接受采访和拍摄宣传照等工作已让我应接不暇。近一两星期，我可能还要飞去纽约接受新闻采访。星期五，《电影银幕》（*Movie Screen*）杂志要来我家做个专题报道。

锻炼手臂与身体的协调性实则最为有趣，柔道家能借此发挥出两倍（甚至三倍）的力道，而功夫习练者也能由此将全身重量集于一击。攻击时单用臂力必是门外汉的所为（其实不少教头也有这个毛病）。鉴于击打的招式在功夫中甚是常见，下面我就讲解一下出拳时臂力和身体力的联动，所谓身体力指的是腰部或臀部的运动。我想其中的基本原理肯定与柔道的投技异曲同工。

为便于分析，且将两臂放于腰侧，以一根假想的中轴线将人体一分两半，如图一。

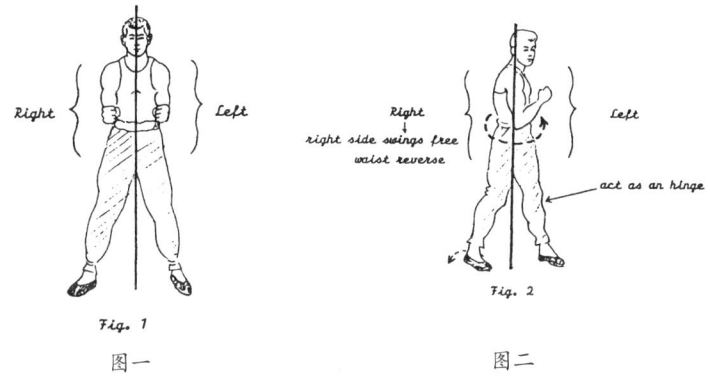

图一　　　　　　　　图二

　　图二则演示了一个人放松右侧身体，以左脚为轴转动身躯（一如寻常的右拳），此时左脚便相当于一个铰链，带动右侧身体的重量和力量随之旋转。臀部和肩膀会首先转动至假想的中轴线，然后手臂这才爆发性地发力攻击。整套动作的理念是在身体重量彻底移至左腿之前，先用这股力量击中目标。这就是为何在变换攻击性步法时，作为引导的那只脚不应首先着地。否则，身体的重量就会率先卸在地上，无法成为出拳的助力。当然，这一整套联动迅若闪电，但扭腰的动作始终会快那么一秒，自然能跟上。

　　若你能掌握这种虚拟中轴线的分析方法，那没准能为你的柔道研究提供新视角。我曾在这条中轴线上创建过一个核心，随后又跳脱这一核心，突破常规地发明了打乱对手节奏的反击招式。我的理念是：（1）弄懂中心；（2）重视中心；（3）消除中心。说得更泛泛一些便是：（1）学习常规；（2）遵守常规；（3）破除常规。

　　此外，一定要向弟子强调，施展投技必动用全身之力。因为就力道而言，双臂的力量不过仅占身体的四分之一而已。其次，手臂的运动过程较短，而腰部的旋转角度较大且不受拘束，更易蓄力。可以说，一个大幅度地扭腰抵得上手臂多次的小幅运动。

你说手臂在整套联动结束时能发挥出最大力量，这点我绝对赞同。通过这个中轴线理论不难看出，手臂其实是身体发力的媒介。拳击也利用了这条中轴线，不过他们的动作太大。一开始这么做是没什么问题，但掌握了之后就该遵循删繁就简的原则——用最少的动作、最小的力道，最大程度地表达自我。然而具体到柔道，动作施展起来可以比功夫稍微繁杂一点，因为柔道里不存在击打与反击。

要是我练柔道（其实我从未深究过柔道，顶多就知道点皮毛），定会好好利用这条中轴线，并将柔道的攻击招式归为以下几类：

1. 直接攻击——迅捷有力地一招将对手摔投出去。

2. 组合攻击——将二至三种投技合成一个套路，以此打断对手的节奏。

3. 间接攻击——先佯攻诱使对手做出反应，然后趁他反应的间隙施展投技（东方的武术流派似乎都鲜少使用这个方法）。然而，一切招式无不是从静到动。不管是否为佯攻，只要动作极具威胁性，就连沉着冷静的武术大家也会为之动摇。

4. 诱导性攻击——故意露出空当，对手一旦出手便予以还击。

我相信柔道的攻击招式肯定不止这些，不过欲有所发展，就势必得跳出传统的固化思维，以更实际的眼光重新审视这一领域——比如多考虑一下负重训练的好处，而非一味地增肌塑形。

我本欲继续写下去，但可惜我得和宣传助理一道去参加午宴，顺带接受采访。和你探讨问题从来都不失为一桩乐事，空了记得给我回信，我们再接着讲下去。今夏你要是有时间的话，何不去跟武之聚聚，交流一下想法。我相信你定会乐在其中。

代我问候艾米和孩子们。对了，你看过什么好看的日本武士电影吗？推荐一部讲述盲剑客的片子给你，拍得相当不赖。

请多珍重，祝工作愉快。

小龙

又及：你能帮我联系上那位李·卡梅伦先生吗？若不是他姓卡梅伦的话，我还以为他是我的同胞呢。

致李鸿新

鸿新：
　　听镜海说你最近身体抱恙，但愿你现在已经好转了。
　　保重，朋友。

小龙

致威廉·多兹尔①

1966 年 6 月 21 日

尊敬的多兹尔先生：

功夫的最终目标是精简——以最少的招式、最小的力道，最大程度地表达自我——表演也大同小异。

拍完《青蜂侠》第一集，我收获了不少实实在在的表演经验，学会了做一个"简单的人"，不做无谓的争斗。我对加藤这个角色有信心，也真心诚意地欲将打戏做精做细。

事实上，我此番来函是想就青蜂侠与加藤的关系提出一点拙见。诚然，加藤的确是布瑞特②家的男仆，但作为一名打击犯罪的斗士，他无疑也是青蜂侠的"得力搭档"，而并非仅是一个"哑巴跟班"。

杰夫·科里对此也表示赞同，而我自己觉得只要能偶尔插入一些对话，我与其他演员配起戏来就会自然不少。这比呆立在特写镜头里更有说服力。我知道简单明了的角色更能深入人心，但为了塑造这种纯粹，不时说点什么做点什么恐怕也是必要的——柔从刚中来，简自繁中出。只是孤身站在一边旁听，不与其他演员交流，这种简单反倒过犹不及。不过，什么都不做也相当需要技巧，因为它够简单！

《青蜂侠》的卜两个剧本我都拿给杰夫·科里看了，不过目前我们仍在做别的表演练习，因为剧本里根本就没什么需要我特意准备之处。

---

① 威廉·多兹尔（William Dozier，1908—1991）是电视剧《青蜂侠》的制片人。
② 在电视剧《青蜂侠》中，布瑞特·里德（Britt Reid）是青蜂侠的另一个身份。

我并非心有怨言，我只是觉得加藤若能成为青蜂侠的"得力搭档"，那这个角色定会更加有血有肉。我的初衷是想为本剧锦上添花。我深知您最通情达理，所以才斗胆致函打扰。

　　十分感谢您的阅读。

李小龙
敬上

致维姬[1]

亲爱的维姬:

我在剧中施展的武艺并非空手道,而是空手道的源头,功夫。这种武术源自中国(空手道亦复如是)。

劈板碎砖只不过是些表演特技罢了,不值得刻意练习,更何况是像你这样的女孩子。练习的目标应以真正的武术技巧为主。如果你想要砸碎什么东西,用锤子便是。

感谢来信,读到你的信我很开心。

小龙

---

[1] 从信中可以看出,维姬(Vicki)是一位年轻的《青蜂侠》影迷。该剧于1966年9月9日首播,1967年7月14日停播。期间维姬曾致函李小龙,询问加藤在剧中施展的武术是否是空手道,以及请教李小龙如何才能徒手劈砖。

致李鸿新

1966 年 6 月 25 日

亲爱的鸿新：

很高兴接到你的电话。

下月中旬，我可能会抽个周末回奥克兰收拾点行李。另外，你给我做的握力器委实好用得没话说，对我练功很有帮助。

如能成行，我一定会告知你具体出发时间，期待能和你好好聚聚。

再次感谢你来电问候，有时间给我写信。

保重，朋友。

小龙

致木村武之

1966 年 11 月 6 日

武之：

《青蜂侠》"螳螂拳"（The Preying Mantis）这一集将于十一月十八日播出，从这星期五算起，还有两星期时间。因为一点特殊原因，我们要提前播映了，特此来函告知。另外，在那之后隔一星期就该播出"猎人与猎物"（The Hunter & The Hunted）那集了，我会在剧中首次摘掉面具露脸打斗。

《青蜂侠》反响欠佳，收视率差强人意。为了继续播下去，多兹尔想将片长调整为一个小时。但到底能不能变动，还有待商榷。但愿能成。

下星期，我要在道奇体育场（Dodger Stadium）为《电视指南》（TV Guide）周刊拍一组功夫特辑的彩照。总之，不论《青蜂侠》能否续拍，最起码也会放映到来年三月。所以在此期间，中国功夫都能在电视上赚足曝光率，当然，还有加藤和李小龙也不例外。

武馆绝对是要办下去的，回头再跟你细谈，容我先准备准备。咱们一起好好利用这个机会吧，伙计。

保重。

小龙

又及：请让弗雷德·佐藤和其他朋友也关注一下即将播出的"螳螂拳"。

Twentieth Century-Fox Television, Inc.

BOX 900
BEVERLY HILLS CALIFORNIA

George,

I've been shooting Batman these few days and busy like hell. I believe I should be able to find time to show your boy and his friends around the studio this coming Friday.

The Oklahoma appearance was great and I'm asked back for another one in Georgia. That sign you made has created quite a hit —— everyone admires your talent.

If you have time, I like to make two requests for some stuffs that you can make for me. They are gadgets to put my system across.

First, I like three signs for hanging like picture on wall —— slightly smaller than the sign you made for me. Here are the plans & ideas —— this project by the way is to illustrate the thought behind my system —— the 3 stages

1.
PARTIALITY
THE RUNNING TO EXTREME

2.
FLUIDITY
THE TWO HALVES OF ONE WHOLE

3.
EMPTINESS
THE FORMLESS FORM

第三部分

截拳道与培养旷达精神的艺术

(1967—1970年)

一九六七年

致李鸿新

1967 年 1 月 31 日，星期二

鸿新：

最近这些天我一直在拍《蝙蝠侠》，忙得团团转。我想这星期五我应该有时间带你儿子和他的朋友参观制片厂。

在俄克拉荷马州进行的表演非常成功，我已受邀再去乔治亚州表演一回。

你制作的标志备受赞赏，人人都夸你天赋异禀。若你有空的话，我欲再请你帮我做两样东西。我想借这两个小物件表达我的武学思想。

首先想麻烦你做三个悬挂式的标志，就像墙上的挂画一样，比你之前给我做的那个稍小一些即可。此举是为了阐明蕴藏在我功夫体系中的理念 —— 即截拳道三阶段。在此细述一下我的设计方案和想法。

以下是对三个标志的阐释（标志的底色仍用你之前采用的那种亮黑色）。

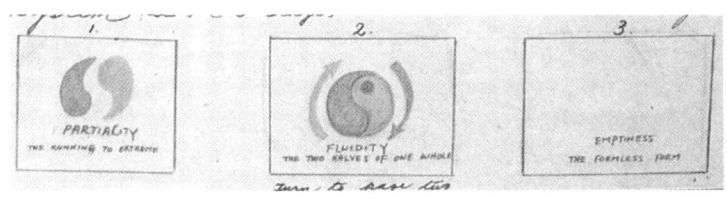

第一个标志

只需一张简单的太极阴阳图即可,颜色半红半金。不过,左右两半都无须点出鱼眼[1]。意思就是,纯红的那一半没有金色的鱼眼,纯金的那一半也没有红色的鱼眼(旨在表达极刚极柔)。所以,你只需依照图例制作便是,再于黑底上题上标语:"偏好——走向极端"。

第二个标志

这个太极阴阳图与你之前做的那个一模一样,只是删掉了周围的汉字。当然也别忘了黑底上的标语:"流动——一个整体的两半"。

第三个标志

仅一块亮黑色的底板即可,什么都不用添,唯有一行标语:"空——无形之形"。

这三个标志应为同一大小,因为它们反映的是武学修为的三个阶段。请就照你之前做的那样来:铝制的标志、亮黑的底板。

我构思的第二件东西旨在戏剧化地影射传统功夫流派的死板僵化。希望你能替我做一块微型"墓碑",如图所示[2]:

茔墓的样子你自是清楚,至于材质就麻烦你看着办了(铝制

---

[1] 太极图又称阴阳双鱼图,鱼眼即为阴中阳,阳中阴。——译者注
[2] 李小龙的设计图和李鸿新的制作品图参见下页。

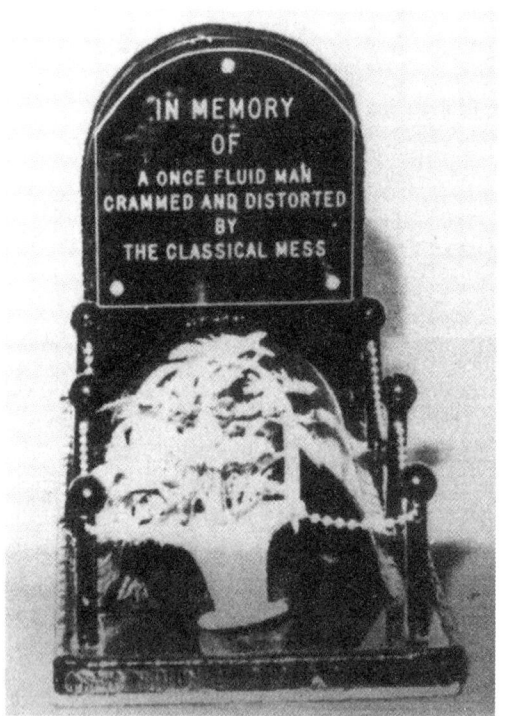

李鸿新根据李小龙的设计图（上）制作的微型"墓碑"。

的也不赖），具体大小也随你。不过也别太小，毕竟是个摆件。

若有什么疑问，尽管给我打电话。

先行谢过。

小龙

致李鸿新

亲爱的鸿新：

杰作！实属杰作！丹[1]和琳达看见阴阳图标志时双双惊叹不已。正如我之前所说，你的作品委实巧夺天工。

此外，还得谢谢你做的名牌和不锈钢卡盒——全都无可挑剔！劳烦你如此费心费时，我真是无以为谢。

方便的话，请尽快将你的会员卡寄给我。

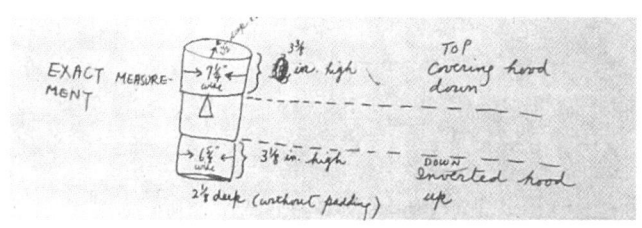

我画在第一页信纸末的草图上准确地标明了测量尺寸。参考人头的实际比例，双耳间的间距为 $7\frac{1}{4}$ 英寸[2]，前额到鼻尖的长度为 $3\frac{3}{8}$ 英寸，面部至后脑的纵深为 $1\frac{1}{2}$ 英寸。图例的下半截则相当于人的脖颈，从下巴到锁骨的距离为 $3\frac{1}{8}$ 英寸，脖根两侧的间距为 $6\frac{5}{8}$ 英寸，前脖至后颈的深度是 $2\frac{1}{8}$ 英寸。

上述所有数据都没算上衬料的厚度，换言之，就是头套的净尺寸。还有一点需要说明，头套须罩住整个头顶，底部也得倒扣着护住脖子。即是说，从上到下全副武装。

再次感谢你做的一切。

感激不尽。

小龙

---

[1] 丹可能是指丹·伊诺山度（Dan Inosanto），生于1936年，他不仅是李小龙的好友，也是其洛杉矶唐人街武馆的助教。
[2] 1英寸约等于2.54厘米。——译者注

致李鸿新

亲爱的鸿新：

　　你不在这儿真是太可惜了。你真该亲耳听听大伙对你的赞誉！"他是位艺术家吧?""简直教人不敢相信自己的眼睛！"（丹如是说）。总之，大家都对你的佳作赞不绝口。

　　而在我看来，它们简直精妙绝伦！！

　　感谢你夜以继日地辛勤付出，你的手艺无人能及。

小龙

致李鸿新

1967 年 4 月 26 日

亲爱的鸿新:

  我预计五月一日动身去纽约,然后转去华盛顿做场表演。之后再去西雅图待两天,打道回府前,会先在奥克兰暂留一日。

  我大概五月十日到奥克兰,届时咱们好好聚聚,探讨一下功夫。

  格林威公司[①]近日可能会正式签下我,他们正计划筹拍一部单集片长一小时的电视剧。

  保重。

小龙

---

① 格林威公司就是《青蜂侠》的制片方。

致李鸿新

1967 年 5 月

鸿新：

  我将于五月二十六日抵达奥克兰，具体来说是这星期五下午五点左右。我会先去镜海的班上看看，也就是弗里蒙特那边，给他的弟子做场简短的授课演讲。然后你、我、镜海还有裕明，咱们出来碰个头，交流一下功夫（或者星期六也行）。

  不过，如果你有空，也可以和我们一起去弗里蒙特，把你的车搁在镜海那儿即可。他的弟子想必你应该也认识一些。

  不管怎样，期待这次能见到你，但愿别出什么意外，扰乱我的行程。

  保重。

小龙

致李鸿新

1967年6月

鸿新：

我将于星期一晚上九点半抵达奥克兰，届时会给你打个电话。

这次我要一直待到星期四下午，然后去纽约，在全美空手道公开赛上做场表演示范。我会在纽约待四天，之后赴西雅图逗留几日，最终返回奥克兰。但不出数日，我又得再度动身前往麻省的斯普林菲尔德市进行另一场演出。

拍照[①]一事定在七月八日，是个周末。

见面再聊。

小龙

---

① 这些照片收录于《功夫之道》一书中。

致爱妻琳达①

寄自加利福尼亚州,英格尔伍德,1967年6月15日

琳达:

亲爱的,这俨然是场恶战,我得小心翼翼地端着一把勺子追着她②走个不停,不过我好歹还是把鱼肝油给她喂下去了。昨日(星期三),她倒是乖乖吃了不少东西。

现在是下午四点,她今天还只吃了一餐饭。她耳朵上的胶布,我已经揭下来了。今天早些时候我不慎划伤了她的耳朵,只是一点轻伤,没什么大碍。当时我想趁其不备从背后偷袭,喂她喝下鱼肝油。

对了,贝拉斯科来电话说,麻省斯普林菲尔德市那边邀我去做一天演出,一天演三次,报酬750美金。所以七月三日,也就是星期一晚上,我要离开洛杉矶,可能四日或五日晚上回来。如此一来,我恐怕七月五日才能去奥克兰接波回家。不然,也可以麻烦镜海把波送回来,省得我回家时再特意跑去接她。不过具体我还没想好,到时再说。

黄锦铭③昨晚送来了一些蚝油牛肉,差不多十二点才回去。我们一直在看约翰尼·卡森④主持的《今夜秀》,刚好在播一个功夫表演。

今晚,我要去购物中心吃晚餐,那儿有场拳击赛。明天早晨

---

① 在此期间,琳达去了西雅图,留李小龙独自在家料理家事。
② 这里的"她"指的是李小龙与琳达饲养的大丹狗"波",见下文。——译者注
③ 黄锦铭(Ted Wong, 1937—2010)是李小龙亲传弟子中最举足轻重的一位。欲详细了解他与李小龙的关系,请参见他为《截拳道:李小龙武道释义》一书所写的序言。
④ 约翰尼·卡森(Johnny Carson, 1925—2005),美国脱口秀节目主持人,曾主持深夜档《今夜秀》长达三十年之久。——译者注

九点,我会去见见波的兽医。

那些孩子仍不断过来闹腾,挺烦人的。反正我再也不会去应门了,就从侧窗悄悄瞟一眼便罢。

昨天,我开车去郊外,让波撒开腿跑了一阵子。我也和她一道追逐了一会儿,绕着那一片来回走了好几圈。今天还想再去一次,顺路把这封信投进邮筒。

请多珍重。

爱你的
小龙

致琳达

寄自加利福尼亚州，英格尔伍德，1967 年 6 月 16 日

琳达：

我刚从波的兽医那里回来——十点半才离开那儿，九点半实在来不及——回来就收到了你的回信和上次拍的那些照片。只有两张看起来还过得去，我的头发看着似是有点长。照片我会随身带着，至于我的行程，我会打电话通知其他人，说我七天后才能回来。

另外，我专门给波开了点镇静剂，临行前两小时服用就行，一次两片。

亨利·赵（Henry Cho）昨晚来电话了，他这星期就会把机票寄来，最快应该明天就能收到。我星期一晚上出发去奥克兰，预计星期四（六月二十二日）下午离开。然后我会在纽约待到二十七日，也就是星期二早上返程。

动身前我会先把狗粮寄过去。我之前在信里问你的事有消息了吗？下星期二他们能准时把东西送到吗？反正不管怎样，我都会在出发前料理好所有事的。

罐头里剩下的那只梨早进我肚子里了。奶酪也在慢慢减少，因为我把它们添进了波的狗粮里。

在离开奥克兰以前，我会一直把波带在身边。到了奥克兰，我得再去替她买点吃的，备齐她三日的口粮。波每大早上都会跑上床来，躺在我旁边。我睡在你常睡的那一侧，而她就趴在床边。有一天我十一点才姗姗起床，她还在那儿呼呼大睡呢。不过我平时自是八点就起了，好去替她把后门打开。

今天我早餐吃得晚，冲了一大碗瑞氏麦木斯里，还加了不少

李小龙与他饲养的大丹狗"波"。

蛋白粉之类的东西,所以到现在都还没吃午餐,估计下午吃根高蛋白的营养棒就够了。不过就这样,我也一点儿都没瘦。

我每天都带波外出,开车去郊外,然后就索性在那儿跑跑步。其他的练习我最近都没做,只是还在坚持练腹肌。

今天是星期五,眼下正值中午十二点二十七分,我一会儿就去邮局寄信,顺路买瓶木瓜汁喝。波在她的狗窝里睡得正酣,我得轻手轻脚地溜出去。

爱你的

小龙

致琳达

寄自加利福尼亚州，英格尔伍德，1967年7月3日

琳达：

  我已安全到家，家里也还整齐洁净，波正在大床上睡觉。我给苏珊（Susan）打过电话了，她会负责照顾波。

  唯有一件事出了乱子，我的航班明早九点起飞，而我还得先去邮局取票，那地方八点半才开门！

  我买了些牛奶、罐装狗粮，外带一些熟食。

  镜海、鸿新和裕明星期六早上都会过来。

  秋凤搬家了——有个五大三粗的壮汉闯进了她家，当时家里只有她和孩子。她见有人闯入，赶紧躲进卧室，打电话向邻居求助。那混蛋也没种，在外面犹豫着不敢进去，最后自己灰溜溜地投案自首去了。刚巧炳滋（Bing）[①]这时回来了（那壮汉听到孩子的哭闹早跑得没影了），他也没喊秋凤就径直去敲卧室门，结果秋凤以为是那壮汉，吓得尖叫不止……总之，我现在不太确定她还能不能来接你，我已经给她留过言了，她会给你写信的。

  如果她能来，记得告诉我一声。如若不然，我就让别人去接你。另外，秋凤已经把相机空邮到西雅图了。我去她家拜访时，正赶上她搬家，顺势替她搭了把手。

  等我星期三到了那边再给你写信。

  保重，亲爱的老婆。

小龙

[①] 即李秋凤的丈夫陈炳滋。——译者注

致琳达

1967年7月3日

琳达：

我正在飞往纽约的航班上，波已托付给苏珊，狗粮之类的东西也一并全交给她了。所有事我都办妥了，还差点误了飞机，怪只怪丹太不守时（最后我叫了一辆出租车，先付了费，让车在那儿等他）。

我收到了很多邮件，大多都是广告、银行账单和杂志之类的，但还另有一封你从西雅图寄来的信。你那封信先寄到了奥克兰，然后转至威尔希尔，继而被派送到巴灵顿广场公寓，最后才好歹送到了英格尔伍德。我想，从今往后，若不写镜海的地址麻烦他转呈的话，这些信就得一直照这么折腾了。

好了，等我到了纽约机场再继续给你写信。

我正在美国航空公司（American Airlines）的候机厅里等着转机，还有一个半小时。抵达纽约后，我给肯尼斯·邝（Kenneth Kwong）打了电话，但正值通勤高峰，我若是去了他的餐厅，就没法按时回机场前往麻省阿格瓦姆了。他请我回洛杉矶时再去。我回说，要是能在纽约多待一日，就一定到访。若真如此，还得给苏珊打个电话说一声。话虽这么说，但我恐怕不会久留，我已厌烦了成天漂泊在外。对了，我在机场还遇见了两个影迷，拦着我要合影和签名。

好了，晚上到了酒店再接着给你写。

现在是晚上十一点半，我已入住麻省阿格瓦姆的一家汽车旅馆。本地的报纸刊了一整版我的广告，随函寄给你看看。另外，我不会在纽约多留了，贝拉斯科的同事吉恩（Gene）来电让我七月五日（星期三）去环球电影公司参加一场试镜，争取由雷蒙德·布尔[①]主演的《无敌铁探长》（*Ironside*）中的一个角色。这无疑是件好事，没准能尽快带来一些意想不到的收获。

试镜之后再跟你联系，说不定会给你打个电话。

晚安，亲爱的老婆，我爱你。

代为问候你母亲和其他人。

爱你的
小龙

[①] 雷蒙德·布尔（Raymond Burr，1917—1993），加拿大演员。——译者注

致琳达

1967 年 7 月 5 日

琳达：

  刚从电话里得知我试镜成功的消息，相信你也一定开心不已吧。虽然仅是为期三日的工作，报酬也不过 750 美金，但我希望能借此开启一些全新的机遇。总之，很高兴能听到你的声音。

  波现在进食又有规律了，有段日子她的三餐简直一团乱。弗雷德真的超喜欢她，主动请缨说要是我们有事外出，就尽管将波托付给他好了。

  我暂时还没带她出门，因为自她从奥克兰回来后，我一早便发现她的右脚趾溃烂了一大块。出发去阿格瓦姆前，我曾带她出过一次门，结果那伤口又裂开了一点。现在虽已好转，但她还是会痛。所以我打算再等等，待她彻底痊愈后，再出去接触那些坑坑洼洼的野地。附带一提，郊外的杂草大部分都被烧光了。

  你回来的时候，顺道抽个下午去秋凤的新居拜访一下吧，就在阿拉米达。你直接过去就行，我想应该不会有什么问题。

  但你要是想多待一会儿，记得跟我说一声，然后坐差不多九点半或八点半的晚班机回来便是，这样我也有充足的时间从环球电影公司赶回去。你看着办吧，不过我相信你肯定已经疲于奔波了。

  一回到西 115 街 2509 号，我心里就觉得很平静。等你和国豪回来，这里就有家的感觉了。想念你俩。

  保重，开车回西雅图，一路小心。

爱你的
小龙

致李鸿新

1967 年 7 月

鸿新：

  很高兴能在奥克兰见到你，再次感谢你替我做的那个漂亮的台子和酷劲十足的胸章。黄锦铭盛赞你是最顶尖的匠人。

  你为指力盅①做的那两个把手不是很合适，把手上的螺丝与盅侧的四个孔对不上。这只盅如今在洛杉矶，我想你这么隔空操作定是难上加难，索性随函附上盅侧四孔的位置图。②

  你什么时候空了，务必写信告诉我，我好把机票寄给你，方便你周末抽空过来。我正好利用这个机会，帮你提高一下武艺。与此同时，也能顺便麻烦你修修我的桌子。

  眼下我已再度安顿下来，打算继续撰书③。之前的那些合影，你都拍得很不错。

  保重，朋友。

  拜谢。

小龙

---

① 指力盅是李鸿新做的一个造型精美的银器，可以盛装沙子或豆子，练功时须将手指反复戳入其中，以此锻炼手指的穿透力。盅的外侧以复杂而精细的工艺雕刻了一条金属龙，这不仅代表着李小龙的中文艺名，同时还象征着他的生肖属相。
② 李小龙随函所附的图详情未知。
③ 本函中所说的这本书是《功夫之道》。但随着李小龙武艺的提升与演进，他最终决定雪藏该书，转而开始撰写《截拳道之道》(Tao of Jeet Kune Do)，后者无疑更精确地反映了李小龙 1967 年后的武学理念。

致李鸿新

寄于 1967 年 9 月 5 日

1967 年 9 月 5 日

鸿新：

  我总算搬完家了，但尚未着手拆包整理，要收拾的东西堆积如山。这俨然又是一份苦差，不过我还是要再次抽出时间来跟你道声谢，你做的那个标指练习器出色极了。

  我已经从镜海那里听说了，你为压腿架新制的底座堪称完美。其实，不用他说我也知道，凡是你经手的东西都必属杰作，否则你也不会寄来了。

  这个周末我会坐飞机过去，记得往镜海家给我打个电话，咱们聚聚。我新研究出来的训练方法，最起码也能帮你改进个一招半式的。

  就这样吧，鸿新，多保重。

小龙

致木村武之[1]

武之：

  我刚把太极拳的挂图加急寄给你了，还在包裹里给你邮了一件唐装。

  之前也跟你提过，我才从奥克兰回来不久，练习碌手用的器械镜海会寄给你，里面装了些增强阻力的填充物。

  首先，我希望你牢记教授功夫最重要的一条原则，即动作精简。领悟了这项原则，你便不会再觉得有必要在那些"炙手可热"的花架子上多下功夫，也无须靠这些东西来调动弟子的习武兴趣。

  为了阐释何谓"动作精简"，我权且举一个具体的武术技巧来详细说明。懂得个中道理后，便可将这一原则推而广之。我授徒的教案结合了"研习一个技法的三阶段"：一、达到自我同步；二、与对手同步；三、进行真正的实战演练。这套教案不仅能指导日复一日的常规训练，更能以最有效的方式令所有弟子都学有所成。我已在洛杉矶试行过了，不论每次示范的动作有多不起眼，弟子的兴趣都丝毫不减。因为他们在练习时，必须要着意去除一些多余的动作，大家都觉得练得颇有进展。好了，还是说回"动作精简"的理念吧。

  为便于解释，我就以拍手[2]为例。首先，一般来说，要追求"动作精简"，那么一切动作都须以摆桩为伊始。其次，如果该动作是手法，就应先出手、再跟脚。同理，若是脚法，就应先出脚，

---

[1] 尽管这封信日期不详，但仍可以推断出应是写于李小龙在洛杉矶唐人街开办了武术分馆的数月后，即1967年9月至10月间。
[2] 在咏春拳里，拍手是指用一只手将对方的来臂拍出中线，同时趁机用另一只手攻击对方。——译者注

再跟手。

欲加深对以上"两条真理"的理解，可以先采取与对手手挨手的方式练习拍手，换言之，就是让弟子在摆桩时就相互碰手。虽然在实战中，你根本不可能一上来就碰到对方的手，但在刚开始练习时，这种碰手的姿势能保证动作的准确性——即"动作精简"。

每位弟子都要统一练习，先摆桩再攻击，剔除任何多余的动作。这一基本理论实则至关重要，如今却常常被人忽视。若有弟子在练习拍手（或其他武术技巧）时做了多余的动作，那就让他重新摆回碰手的姿势再次练习，并尽量减少不必要的动作。所以，为了增强远距离拍手的实战效果，就必须要掌握这种简单的碰手姿势。不仅如此，即便弟子已掌握个中要领，也务必不时重温碰手姿势，提醒自己除去不必要的动作。

远距离的拍手要难练得多——在不做任何卸力动作的情况下，你必须先单手出势，然后跟脚，就这样手足协调地向前推进——难怪没有多少人能仅凭一个简单的拍手一招击中对方！现在你明白动作精简的要领了吗？光是这个动作精简理论，就需要你投入大量的时间去揣摩，才能臻于完美。而至于"研习一个技法的三阶段"，掌握起来自然就更是繁复——我仍以拍手为例，在反复练习和掌握了远距离拍手后，你还得再借助一记踢腿来缩短你与对手之间的距离，这样你才能安全地近身。

遵从上述建议会让你终身受益。当然，你还得结合整套功夫体系，反复练习套路中的每招每式，直至炉火纯青。我方才提及的内容，你大可即刻开练，而后再举一反三地将动作精简理念，运用至你所有的招式之中。仅靠这一项练习，就能让你的速度倍增，技巧也更上一层楼。

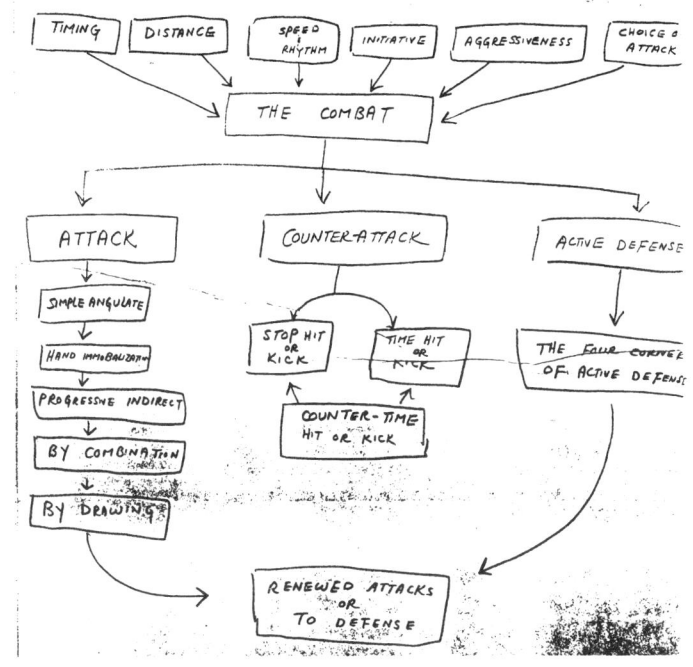

1967年，李小龙画了这张草图寄给木村武之，借此简析了实战的概要与截拳道"攻击五法"的特点。

但愿我已将我们拳法中最重要的原则深刻地烙入了你的脑海——坚持我传授给你的那些练习，多些变化组合，不要太担心你的弟子会因想不断学习新招而转投别处——这个想法自是没错，但前提是他们得先把你教的东西彻底练好了再说。

切记，柔道家为了施展一招漂亮的投技，得付出成千上万次练习。当然，也请你充分利用自己的经验，发挥想象力。你肯定能行，我对你有信心。

小龙

致木村武之

1967年9月11日

武之：

  这是今年冬季（1967年9月21日—12月21日）的会员卡。空白的部分请用打字机填写，然后在教练栏签上你的名字即可。

小龙

致木村武之

1967年10月

武之：

要是你收到制服了，记得告诉我。

若还没有，就去问问马尔（Mar）太太是不是还在缝制褂子和徽章（你之前是不是说她还在做别的什么？），问了跟我说一声。不管怎样，麻烦你算算总账。

谢谢。

最近可还好？

小龙

致李鸿新

1967 年 10 月

亲爱的鸿新:

我打算去参加华亮[①]的夏威夷晚宴,此外,还会抽空去弗里蒙特,到镜海的班上看看。我知道他班里的弟子多是中国人。

我预计星期五(十一月三日)出发,当晚正好有镜海的武术课。所以,要是你没什么其他安排的话,不如来听听课,没准会有些收获。我也会在那儿讲授一节公开课——还真是好久没教课了。或者,你也可以和我一道去参加晚宴。

总之,等我到了再进一步联系你。如果你星期五晚上要去弗里蒙特听课的话,就跟镜海说一声。

保重,朋友。

代为问候你太太。

李小龙

[①] 谢华亮(Wally Jae,1917—2011),美籍华裔武术家,小循环柔术(Small Circle Jujitsu)的创始人。——译者注

致李鸿新

1967 年 11 月

亲爱的鸿新：

  很高兴你能来参加晚宴。周裕明[①]也去了，但他最终没能进去。不论如何，好在一切总算结束了，我已经不想再做示范表演了。

  那两个沙碟[②]不见了，丹一见到它们就拿在手上抛来抛去的。他说这东西做得太精致了，上课都舍不得用。可见，不论你做什么，都能把它变成一件杰作。真是巧夺天工！

  十一月二十五日，星期六，我要在家举办生日宴。你那个周末能来吗？方便的话，就请星期五晚上（十一月二十四日）过来吧。如果没什么问题，就尽快回复我，我好把往返机票寄给你。不过，机票的事还请对镜海和其他人保密。

  再次感谢你做的那些"超酷"的器械。

小龙

  又及：那些金属的鞋底和鞋头非常贴合，安在鞋上效果很好。

[①] 周裕明（Allen Joe，1923—2018）既是李小龙早期在加州奥克兰收授的弟子之一，也是他的密友。周裕明不仅是位颇有天分的武术家，同时也是个声名在外的健身老手，曾积极协助李小龙进行负重训练。
[②] 沙碟是咏春门派中用来练拳的一种沙包，形方且略扁，因状似碟子而得名。——译者注

李小龙和众友一同出席谢华亮的夏威夷晚宴。——摄于1967年11月

从左往右分别为：李鸿新、周裕明、李小龙和严镜海。

致木村武之

1967 年 11 月

武之：

今天已是十一月七日了，再过三星期我们就将齐聚一堂。所以请尽快回信，告诉我你的安排。

你的机票钱就直接从武馆拿，年底结算的时候再扣除这笔费用便是。总之，请务必告知我你计划什么时候过来，打算待多久等等。等你的消息。

制服的裤子现在做得怎样了？

暂时就先这样吧。

保重。

李小龙

致李鸿新

亲爱的鸿新：

你做的东西，每一件都那么出神入化。不仅做工专业，更堪称艺术。大家无不都再次为你的作品所折服，一如往常。

你抽空为我做过那么多精品，我个人则更是感激不尽。多谢了，鸿新。

很抱歉我弄丢了你签过名的那张单子，能麻烦你再另寄一张来吗？顺便也请跟戴夫·杨（Dave Young）说一声，单子的事要耽误一下了。

我刚一落地，就接到了经纪人的电话，说哥伦比亚广播公司（CBS）欲投拍一部名为《天堂执法者》（*Hawaii 5-0*）的电视剧，单集片长一小时，题材有点类似《我是间谍》（*I Spy*）。听上去还不错。要是有什么进展，再写信告诉你。

小龙

致木村武之

1967 年 11 月

武之：

  埃德·帕克应该已经和你联系过了吧。你一旦订好航班，就赶紧告诉我。这次不光镜海会来，李俊九也会从华盛顿过来，他会直接下榻我家。所以这个周末，我家会相当热闹。

  期待你的到来。另外，请记得把制服的样品带来我看看。距我上次来信询问制服的进展后又过了好一阵子，料想现在应该全做好了吧。

  那么，航班定了就请尽快把具体班次告诉我，还有制服的事也一样。

  到时候见。

小龙

一九六八年

致李鸿新

1968年1月

鸿新:

有阵子没给你写信了,一切可好?

你做的墙靶我每天练习都在用,帮了大忙了。自平安夜起,我又开始日日练功了——这是我1968年的年度大计。现在,我平均每天训练两个半小时,包括练手法、腿法、跑步、增肌、练腹肌、拳击和徒手格斗。每一项训练几乎都离不开你那些锻炼器材的帮助。多谢。

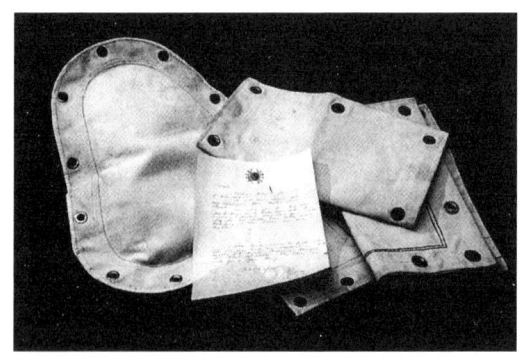

图为李鸿新根据李小龙的草图和说明设计出的墙靶。

周裕明一定已经跟你说过了吧。一月二十六日(星期五晚上)我们要给镜海搞一个惊喜派对。当晚我会直接飞过去,他毫不知情。希望你也能争取到场。毕竟,你也是我们中间不可或缺的一员。

那么,保重,朋友。代我向你的太太和家人问好。

小龙

又及:能再跟我说一遍你家的电话号码吗?

致李鸿新

1968 年 2 月

鸿新：

　　武馆的胸章我随函寄了一些给你，请注意查收。很高兴这次过来能见到你，你看着还跟以前一样，气色不错。

　　我对用来练习踢腿的柱状沙袋有个想法，就是想照普通的沙碟样式来做，跟你之前的做法一样，在袋子两侧打孔，方便我自行调节高度。

　　琳达开车来接我时出了场车祸，好在无人受伤，唯有国豪的脑袋稍稍碰伤了一点。我们已好几天都没动过车了。

　　保重。

小龙

李鸿新依据李小龙的建议，为沙碟的四边打上了孔。

致李鸿新

1968 年 2 月

鸿新：

这星期五（二月十六日）我会来奥克兰。

到时候见。

小龙

致李鸿新

1968 年 4 月

鸿新：

还记得你替我做的脚靶和拳靶吗？用了一阵子后，我的功夫可谓突飞猛进。等你什么时候空了，能再帮我另做一副吗？你做的脚靶对于练习踢腿简直无可替代，别的沙袋根本没得比。特此随函附上几张单子，详细地说明一下有待完善之处。

史蒂夫·麦奎因计划在旧金山等他的这部电影[①]杀青后，另找个编剧写剧本，和我一起合作一部功夫电影。所以，这将成为我投身电影的开端。

四月六日我可能会过来一趟，因为有场所谓的"全美功夫表演大会"要在旧金山举办 —— 与会者莫不是些乌合之众，连那个"逃兵"都会去。我有意去煞煞他们的威风。

保重。

小龙

又及：你觉得新版会员卡好看吗？目前，我在给几个弟子单独授课。

[①] 史蒂夫·麦奎因当时正在旧金山拍摄电影《警网铁金刚》(*Bullitt*)。

致李鸿新

1968 年 9 月 26 日

鸿新：

我仍惦记着自己记错日期一事，真的很抱歉，我误以为是九月二十九日（星期日）那天。

我即将跟史蒂夫·麦奎因一道前往密西西比州。我们正在逐步推进那部以截拳道为主题的电影。《炎热的夏夜》(*In the Heat of the Night*)的编剧斯特林·西利芬特（Stirling Silliphant）也要参与剧本的撰写。我们会碰个头，谈谈开机的事。之后我便会飞往纽约待几天。

当然，在此期间我还是会抽空搬家。自下星期一起，我的收信地址将变为：

加利福尼亚州洛杉矶市
罗斯高蒙路 2551 号
邮编 90024

房子坐落在贝莱尔区，相当气派。等家里装好电话，我立马告诉你号码。

另外，不论你十一月二十七日那天能不能来，都记得和我说一声。若是不行，没准我们可以另择他日，反正隔天就是感恩节。

保重，朋友。

小龙

致李鸿新

鸿新大匠：

谢谢你做的那四个出色的投掷沙包！

老兄，那真是完美得没话说 —— 太棒了。

拜谢。

小龙

致李鸿新

1968 年 11 月

鸿新：

　　感恩节的那个周末我委实不得闲，为此我已想尽了办法。你是我最亲近的朋友之一，我真的十分想来，希望你能谅解。

　　等我把手头的事都处理完了（最近一直忙于工作），立马就给你打电话，约时间过来。

　　另外，《谍海飞龙》（*Our Man Flint*）的主演詹姆斯·柯本想跟你要一个墙靶。能麻烦你给他做一个吗？

　　期待能早日和你当面聊聊。

　　再次感谢你的盛情邀请。

小龙

一九六九年

致张卓庆

寄自洛杉矶，1969年1月4日

卓庆：

我最近在翻看一些旧日书信，你写给我的大部分信件也在里面。其中最近的一封，或者说是我找到的最近的一封信上写着你的这个地址。于是，我就提笔给你写信了，要是你已搬家，但愿这封信也能设法转寄到你手上。

转眼，我来美国已近十载。待到夜深人静，我有时会坐下来，陷入深深地追忆之中，而你总是我经常想起的故人之一。我由衷地希望你与你的家人如今一切都好。

纵然我现已涉足新的领域（演艺），但回首过去十年，发扬中华武术一直是我奔走的主要重心。而我在武术方面的成就也最令人满意，三位全美自由式空手道冠军①如今都师从于我，为此，"中国人"这三个大字也在武术界内威名大振。

卓庆，尽管我仍坚称自己的拳法是中华武术，但实际上我已

---

① 这三位全美空手道冠军分别是查克·诺里斯（Chuck Norris）、乔·路易斯（Joe Lewis）和迈克·斯通（Mike Stone）。

及至1967年,凭借其表达自我的战斗之法与他创立的截拳道,李小龙已小有名气。

对中华传统武术失去了信心,因为几乎所有武功路数都无异于纸上谈兵,就连咏春也概莫能外。所以,如今我练习的方向更侧重于全副武装地展开有效的街头格斗,戴上头套、手套、护胸、护膝和护腿等。过去五年,为了心中的目标,我始终苦练不辍,不再仅将时间虚耗在那些只讲究击中与否的练习上。我日日坚持跑步,有时甚至会跑上6英里[1]。

我将我的拳法命名为截拳道,我没有局限于咏春,因为若论

---

[1] 约9.7千米。——译者注

实效性，我真心以为咏春还有太多值得改进之处。上述种种确为我人生中的一桩大事，希望能与你分享。

我的演艺事业也正风生水起。不知你在澳大利亚可曾看过我参演的电视剧《青蜂侠》？不论怎样，我都曾为之花费了一整年的心血，也借此奠定了一个良好的基础。现在，我仍不时会在电视电影里露露脸。最近拍的一部电影是和詹姆斯·加纳合作的《丑闻喋血》(*Little Sister*)[①]，由米高梅电影公司投拍，几个月后就将正式上映。我跟几位重要的投资人正预备在美国筹建一家制片公司，主要拍摄功夫电影、电视剧等。

不久前我在贝莱尔区置了房，占地半英亩[②]。那里环境优美，仿佛住在田园乡间一般，不过老是绕着山坡跑上跑下的，小腿可有些吃不消。

好了，老友，总而言之，以上就是我的近况。不知你究竟能否收到这封信，希望能顺利送抵吧。

最后，诚挚祝福你的家人，记得给我回信，我很想听到你的消息。

友
李小龙

---

① 该片后更名为《马洛》(*Marlowe*)，由米高梅电影公司发行。
② 约2023平方米。——译者注

致张卓庆

1969 年 1 月 20 日

很庆幸你还住在老地方。

你没记错,我的确有个四岁大的儿子,而且第二个孩子四月份也即将出世。能娶到这么一位贤内助,建立如此美满和睦的家庭,我实乃三生有幸。

改日若你和夫人有意来美国游玩,请务必通知我,诚挚欢迎你们来我家做客。另外,我的弟子和合伙人也无不想见识见识你在咏春拳上的造诣,以及你自创的"抽象自卫术"。他们那群人全都相当出色,成熟稳重又各有所长,学过诸多灵活多变的武术,例如街头格斗、拳击等等。

坦白来说,武术并不适合普通大众。这就是我的真实感受,而我也坚定地认为你应该坚持独创,继续你在"抽象领域的武术研究"等等。别向任何人透露你的进展。毕竟,你在回信中说,你已为此花费了整整三年光阴。暂时仅供自己和密友交流就好。我深信,有朝一日你定能在研究功夫体系的过程中萌发出更深刻的领悟。祝你成功。

听说你即将取得经济与统计学学位!真是可喜可贺!愿你顺利毕业,这个过程一定趣味良多。

请多珍重,老友,祝愉快。

小龙

致李鸿新

鸿新：

　　我们试了试你做的护板，经过增重增厚处理后，护板的抗冲击性更强了。托它的福，举护板的人也不似以前那般可怜了，多谢。

　　之前也跟你提过，我和柯本、西利芬特在合作筹写一个剧本，该剧将由我和柯本共同主演。如果柯本能空出档期来，我们希望能在今年年底开机。如若不行，就得延到来年三月。不管怎样，这对我来说都将是一个非常非常关键的开端。

　　保重，朋友。再次谢谢你。

小龙

致李俊九①

1969年3月4日，星期二

致俊九先生：

此番来函目的有二：一、炫耀下我的打字机；二、跟你讲讲我在西部的近况。

上星期五，我、柯本和斯特林一起开会讨论了一下我们的"Leng"计划。所谓"Leng"计划，是代指我们筹拍的那部功夫电影。"Leng"②是个中国字，意为漂亮。总而言之，我们已经取得了巨大进展。剧本我们决定不让斯特林的侄子马克（Mark）执笔了，斯特林也无甚异议，他和柯本都同意另请一位专业编剧来写。等剧本一出来，我们就会加快进度。

下星期我们还会再开一次会。一切都很顺利。此外，斯特林还在筹备另一部电影——一部日本武士片，他想请我出任联合制片人和技术指导。柯本没准也会参与拍摄。为此，我们会在日本进行为期三个月的拍摄。要是进展顺利，这部片子不出六个月就能正式开机。然后就轮到我们的"Leng"计划了，它真的很美很美。

虽然米高梅电影公司不太满意我的要价，但我可能还是会去参加新片的巡回宣传。③到时候再看吧。倘使我真会去的话就叫

---

① 李俊九（Jhoon Rhee，1932—2018）被尊为"美国跆拳道之父"，是李小龙的好友。李小龙曾多次前往华盛顿出席李俊九的武术锦标赛，也时常致函李俊九，鼓励他落实了诸多武术规划。
② 即粤语"靓"字的发音。——译者注
③ 米高梅电影公司希望李小龙出席电影《马洛》的媒体见面会，他在里面客串过一个角色。

上你，尤其是接受国家电视台采访时，这样你可以顺带推广一下你的道场。

朋友，记住，有志者事竟成。胸无大志是一个人最大的罪过。有多大志，成多大事。你绝对有潜力。回头看看你所取得的成就——去他妈的鱼雷，全速前进！

对了，《黑带》杂志来电咨询了一些你们道场的详细情况。我补充的那些信息绝对能让你们那儿成为最棒的道场，你大可放心。你不惜为道场的装潢斥下重金，光是场地的月租就差不多高达三千美金，诸如此类的事我都跟那个助理说了，具体已记不真切。

迪尔格达①在这儿开了一所武校。他下星期会去参加帕克②锦标赛，还有乔·路易斯也会参赛。路易斯最近想成为一名职业拳击手。

就这样吧，朋友，请多保重，代为问候韩松（音译 Han Soong）及其家人。

对了，小"abagee"③最近怎么样？

小龙

---

① 路易斯·迪尔格达（Louis Delgado）是美国空手道冠军，跟着李小龙学过一阵子拳，曾在纽约大赛上击败查克·诺里斯夺冠。
② 埃德·帕克（Ed Parker，1931—1990）被誉为"美国肯波（Kenpo）空手道之父"，是北美地区最有分量的武术家之一。
③ 原文所指不详。——译者注

致李俊九

俊九：

　　谢谢你送我儿子那么漂亮的礼物，现在他天天都抱着熊入睡。①

　　相关的广告和资料我随函一道寄快件给你，你可以看看哪些营养品有助于增重。记得从宾州的约克市订购，不要在加州洛杉矶订，这样可以省些邮资。

　　用牛奶冲调营养粉，再把花生、鸡蛋（带壳）和香蕉一起放入搅拌机混合均匀。若你想尽快增重的话，建议用一半鲜奶油、一半全脂奶的混合奶代替普通牛奶。

　　邮差上门了，我正好把信交给他。改日再给你写信。

友

李小龙

---

① 李俊九送给国豪一只泰迪熊。

致李俊九

俊九:

　　信封里还有一份查克·诺里斯的宣传刊,请查收。这是最新的一期。日后再有新的,我也会替你留着。除此,我还另附了几份类似的广告,但愿对你有所帮助。[①]

我是谁?

我是谁?
这是一个亘古之问,
世人都曾以此自诘,
今时往日,周而复始。

窥镜自视,
尽管他认得镜中的那张脸,
追思忆往,
尽管他有名有姓、有生辰、有过去,
但他仍在迷惘,深深地迷惘,
我是谁?

我可是卓尔不群的巨人,
屹立天地而御万物?
抑或庸碌无能的侏儒,

[①] 李小龙还在信函中附上了两首原创诗,想借此鼓励他的老朋友,劝他别为困境所左右,要意识到每个人都是自己命运的主人。

笨拙愚鲁画地自限?
我可是意气风发的义士,
自有一派傲人风范?
抑或天生魁首,
广结四海良师益友?
又或者,我心怀惊惧,
在陌生的人潮中如履薄冰,
在僵硬的笑容后瑟瑟发抖,
彷如迷失暗林的孩童?

人多渴望出人头地,
却唯恐失败、沦为庸人。
然而,我们能行,
我们能成为理想中的自己。

顺应天性,
发展所长,
总有一些人以良善、可敬、卓绝为志,
他们志在必得,
定将收获相应的回报。
求索路上,
他们自会发现,
真实的自我,
正与之隔镜对视。

哪个是你?

疑虑者说：
"人不能飞翔。"
力行者言：
"也许，不试不知。"
最终，他扶摇直上，
融入清晨的曙光，
留遍地疑人，
空自仰望。

疑虑者称，
世界是平的，
船舶坠落于世界之边，
千真万确！
而一个崭新的世界，
却为力行者所发现，
他们的归航足以证明，
这个星球是圆的。

疑虑者坚信，
他所谓的事实：
"任何聒噪的玩意儿，
都绝无可能代替马匹，绝无可能。"
而力行者的车乘，
卸下马辕，
终究遍历四方，
行经一切通途。

那些始终絮叨着"不可能"的人，
从不是胜者，
亦素无荣誉加身。
相反，
唯信者、行者功成名就，
而疑虑之人，
不过远远注视、望尘莫及。

　　总之，请允许我稍微提醒你一下，消极的情绪总会在我们无知无觉间暗自滋长。不妨偶尔放空心思、什么都别想，将那些没完没了的担忧、期待通通抛诸脑后，然后再次轻装上阵、勇敢向前。

　　有道是良药苦口利于病，所以有时为了能做自己喜欢的事，我们也不得不做些不顺意的事。朋友，切记，重要的不是发生了什么，而是你如何应对。

　　你潜力无限，我相信你早晚会以自己的方式取得成功。因此，去他妈的鱼雷，全速前进吧！记住我这个中国佬的话："时势算哪根葱？英雄造时势！"

　　愿宁静、和谐与你同在。

小龙

致李鸿新

1969 年 6 月 11 日

鸿新：

特意写信告诉你一声，柯本的照片下星期就会寄过来。[1]我刚和他一道从东海岸回来。麦奎因现在身在欧洲，所以他的照片还得再等等。只是想先让你放心，老朋友的事我都记着呢。

我母亲和弟弟[2]来美国了。眼下，他们都住在我这儿。

我近来一切都好，要是有什么新进展，再给你写信。

保重。

小龙

---

[1] 李鸿新之前曾向李小龙索要其明星弟子詹姆斯·柯本的亲笔签名照。
[2] 1969 年李振辉（Robert Lee）与李小龙一道居住于美国洛杉矶，在二哥的指点下，接受了长达八个月的截拳道训练。——译者注

致李俊九

1969 年 6 月 25 日

俊九：

今天下午我和水户①一起用的午餐。我一眼就瞥见 *B. B.*② 和《空手道画报》（*Karate Illustrated*）的新刊都双双提到了你。《空手道画报》在一篇报道马林斯的文章中，刊登了一张你替斯基珀③授带的照片。之前的全国赛他们也做了不错的图片报道，另外，"读者来信"专栏还提及了你在多米尼加共和国开的分道场——总之，均是些上佳的报道，尤其是涉及全国赛的部分。

我还跟水户聊了聊你的书。我说你的书很值得一看，他表示有意拜读。我已替你牵好线，余下的就看你的了。如你有意，可以直接给他打电话。

还记得你写的那篇论踢腿的文章吗？篇幅不够，但他们现在打算找人合著，预计找八个人左右，像是大岛（Oshima）、黄德越（音译 Ark Yu Wong）④、崔希澳（音译 Sea Oh Choi）⑤和几位日本冲绳的教练等。文章的主题将围绕各类腿法，例如侧踢、回旋踢、脚跟踢等。

对了，要是你能和水户谈妥出书一事，那没准你可以再多写些文章，代表跆拳道或韩式腿法执笔。与各个流派的代表人物文

---

① 即《黑带》杂志的发行人水户上原（Mito Uyehara）。
② 即 *Black Belt*，《黑带》杂志。
③ 斯基珀·马林斯（Skipper Mullins）是当时最顶尖的空手道格斗家之一。
④ 即 Wong Ark-Yuey（1900—1987），具体中文名不详，广州人，擅长少林五拳，并将其引入美国。——译者注
⑤ 美籍韩国人，合气道大家，于 1964 年正式将合气道引入美国。——译者注

在于华盛顿举办的李俊九武术锦标赛上,李小龙受邀为一名年轻武师颁奖。(站在人群中央、手持麦克风者即为李俊九。)

墨交锋,无疑是种荣耀,你也可借此机会,树立自己韩式跆拳道发言人的地位。

  我个人对你信心十足,你认为任何腿法都应以质量为重的观点,我非常赞同。

  不管怎样,等你和水户商量出结果了,记得给我打个电话。

小龙

致李俊九

俊九：

我下午刚和水户一起吃了午饭。我进一步向他推荐了你设计的护胸，巧妙地给他灌输了一些穿戴护具的理念。我敢肯定，即便还没见到实物，他已然对此十分看好了。

你可能也听说了，水户现在只负责办杂志，邮购业务一概由他兄弟吉姆（Jim）拍板。不过，我还是建议他先单独跟你谈谈，等事情谈妥后，你再和吉姆敲定具体安排便是。水户可以作为你的推荐人，他对你印象很好，不止一次地说过他很欣赏你。

总之，我只是想跟你说一声事情的进展，也借此机会让你知道，1969年的全国赛并非一块绊脚石，而是一块垫脚石。你的心态决定了这件事的意义，决定了此事究竟是绊脚石还是垫脚石。记住，只有灰心丧气之人，才会彻底落败。

作为旁观者，我知道你已尽力，虽然锦标赛的结果不尽如人意，但错不在你。成败并不重要，重要的是它对一个人的心灵造成了何种影响。

你生性积极、明理、勇往直前，相比锦标赛的其他组织者，你永远是最用心、最有见识和最真诚的那一位。而至于最终的效果，我以为，是由你们整个团队的相互合作决定的。

我写这些不是为了哄你开心，当然，可能也有那么点意思。但我真正想让你知道的是，落子成局，尤可逆转。事到如今，你不应再为那场全国赛焦思苦想了，都过去了。

日常的所思所想能在很大程度上左右你毕生的成就。请记住，成功只是一个过程，不是终点。我相信你的能力，你一定能行。

保重。

小龙

致邵汉生[①]

1969 年 7 月

邵叔：

我向《黑带》杂志介绍了您和您在香港教授的中华拳法。《黑带》是美国最一流的功夫刊物，其报道涵盖了全球武术的各门各派，包括空手道、合气道、柔道等等。世界知名的武术大师均频频见刊。

若您对此有兴趣，可以写一段武术简史以及您练拳的武学理念，配上几张照片，一起寄给我便是。我会帮您译成英文。如能在《黑带》杂志上发表文章，或许会对您日后赴美有所帮助。

经我推荐，《黑带》杂志也想对您本人进行详细报道。若您有意，可以把您的照片连同文章一道通过我转寄杂志社，地址如下：

加利福尼亚州洛杉矶市，邮编90016
华盛顿大街西5650号
李小龙 转《黑带》杂志社（收）

因为我刚买了新房，所以目前的联系地址是：

加利福尼亚州，邮编90210
比弗利山庄5109号邮箱

[①] 邵汉生（Siu Hon-san，1900—1994）是老一辈武术家，李小龙自幼在香港时便认识他。李小龙尊称邵汉生为"邵叔"，是按照中国的习惯，表达对年长的友人或前辈的尊重。

致冯天伦[①]

天伦：

以下是蔡李佛拳的一些历史渊源。这个流派中的绝大多数术语均属广东话。找齐这些资料着实不易，我颇费了一番工夫。

蔡李佛拳最早由陈享[②]在广东创立。和许多中国南方的年轻人一样，陈享最初亦跟随其族叔[③]学习风靡南方的少林洪拳，后转投李友山[④]门下。但为臻更高境界，他之后又去了罗浮山，求教蔡福（Choy Fook）和尚。

不久之后，陈享结合其毕生所学创立了自己的拳法，并命名为蔡李佛拳，以报前师的栽培之恩。"蔡"字取自蔡福和尚之名，"李"字则代表李友山，而最后取一"佛"字，是因为洪拳乃少林武术之分支，故名。

蔡李佛拳基本以长拳打法为主，基于扎实的马步，擅用其著名的关节锁技、挂捶、下扫和插捶。

这套南拳囊括了许多徒手拳术套路，诸如长拳、佛掌拳、太极拳、平拳、单脚拳等。而器械套路则涉及八卦枪、柳叶刀、双剑、十八点棍等。

[①] 冯天伦（Leo Fong），生于1928年，广东江门新会人，后移民美国，作家、演员和制片人，同时也是一位武术家，创立了汇拳道（Wei Kuen Do）。——译者注
[②] 陈享（Chan Heung，1806—1875），字典英，号达亭，广东江门新会人，蔡李佛拳创始人。——译者注
[③] 即陈远护（Chan Yuen Wu），广东江门新会人，福建少林寺至善禅师门下的俗家弟子，善用佛门拳术。
[④] 李友山（Lee Yau Shan），生于清朝嘉庆年间，广东江门新会人，李家拳的鼻祖。——译者注

该派有一位名唤张鸿胜（Chang Hung Sing）[1]的著名武师，是继创始人陈享之后的主要传承人。时至今日，许多蔡李佛武馆亦被称为鸿胜馆。张鸿胜的大弟子陈盛[2]在中国佛山也算得上是位颇有名望的拳师。此外，谭三[3]亦是修习蔡李佛拳的佼佼者。

好了，书面上的背景资料就讲到这儿吧，我该去活动活动筋骨了。

谨致问候。

小龙

---

[1] 即张炎（1824—1893），广东江门新会人，曾先后师从李友山、陈享和蔡福和尚。——译者注
[2] 陈盛（Chan Sing，1864—1926），广东佛山人，继承了张炎的衣钵和鸿胜馆的馆主之位。——译者注
[3] 谭三（Tam Saam），广东江门开平人，先从阮泰学洪拳，后从雷灿（张鸿胜的入室弟子）学习蔡李佛拳，最终自成风格，被尊为北胜蔡李佛始祖，开创了蔡李佛拳的一大支派。——译者注

一九七〇年

致黄淳梁[1]

1970年1月11日

淳梁兄：

许久没有通信，你可还好？邵在涌（Alan Shaw）从加拿大来函，托我把那部8毫米电影借给你。真是十分抱歉，碍于我频频搬家，带子已不知所踪，本就是陈年旧物，我也很少用到，故而遗失，十分抱歉。

我在贝莱尔区买了新房，占地约半英亩，紧邻比弗利山庄坐落于山顶之上，周围树木葱茏，大有山野田园之风。此外，除犬子国豪外，我又添了一个七个月大的女儿，香凝[2]。不知你可曾再婚？请代为问候你的姊妹。

近来，我组建了一家电影制片公司，还写了一个题为《无声笛》（*The Slient Flute*）的故事。该片将由詹姆斯·柯木和我共同

---

[1] 黄淳梁（Wong Shun-Leung，1935—1996）是叶问的高徒。李小龙早年习武时，黄淳梁不仅是他的挚友，更会时常替他指点一二。
[2] 李香凝（Shannon Emery Lee），演员、歌手，李小龙基金会和李小龙公司的负责人。——译者注

主演，斯特林·西利芬特担任编剧。斯特林是位非常有名的电影编剧，曾创作了《炎热的夏夜》。我们预备在好莱坞拍摄第一部武打片，前景很好。大约六个月后正式开机，所有参演人员均是我的弟子。日后，史蒂夫·麦奎因可能也会加入拍摄，对此我甚为期待。

至于武术方面，我仍日日坚持练功，并且每星期给弟子和朋友上两次课。不论他们是西洋拳手、跆拳道家还是摔跤手都无所谓，只要其为人友善、不相互冲撞冒犯即可。

自1966年我开始认真习武以来（发明了护具、手套等），渐觉以前曾有过诸多错误的偏见，遂将自创的拳术更名为截拳道。所谓截拳道只不过是个名称，最要紧的还是要摈除习武的偏见之心。当然，我每天都会跑步，坚持器械练习（练拳法、腿法、投技等），以此提高身体的硬性条件。拳理固然重要，但实用性更不容轻视。

在香港时，承蒙你与师父（叶问）教我咏春，我很感激。而事实上，我更想感谢你指引我走上了一条讲究实用的武学之路，及至到了美国后，我也时常与这边的西洋拳手切磋。这里自诩咏春宗师者不在少数，我真心希望他们不要自以为是地去挑战那些西洋拳手！

我可能会回港一趟，但愿你还住在老地方。你我本是知交，理应多碰碰面、叙叙旧，想必定会有无穷乐趣，你说呢？若见到叶师父，请代我问好。

祝愉快。

李小龙

致李俊九[①]

俊九:

与你通过电话后,我又有了一些新想法。

节目布景

1. 采用渐强的东方古典轻音乐,作为节目开播和结束时的背景音。

2. 布景应展现简洁的东方风韵,铺上垫子等等——最重要的是你们道场的徽标务必要出现在布景中,而且要大!

服装

1. 作为首席教练,你一定得穿道服[②]。

2. 参与节目的女性着各式便装即可。

练习场景

1. 切实重现真实的袭击行为。(注:不论由谁来扮演袭击者,都得粗暴强硬地对待受袭女性。)

2. 尽可能多布置一点道具,逼真地还原街景,诸如椅子、假车等。

课程

1. 一次仅传授一个招式,并从不同的角度进行全面演示,避免课程单调乏味。

2. 不言而喻,节目一定要寓教于乐——太过教条,节目会流于

[①] 李小龙写这封信给朋友俊九是为了商讨如何制作一档教授女性防卫术的电视节目。
[②] 所谓道服指的是日本武术(空手道和柔道)的传统练功服,包括上衣、裤子和腰带。

呆板；反之，太过娱乐，未免失了武术精神。虽然录制一档笑语盈盈的节目也很理想，但作为电视节目，还是应该更富技巧性才好。

3. 除了寻常的授课安排外，再简略地讲授一些安全常识，诸如在家、在车内、独自上街等情景下的自卫之法。

4. 善用时下的报纸新闻，针对袭击事件做些剪报整理，激发大家的防范心理，从而凸显学习防卫术的必要性。尽量多收集一些犯罪、袭击之类的案例，然后在节目中报道一二。

5. 大力鼓励观众来信互动。

6. 你应该在节目中适时推销一些自己的产品，比如你的书，或是任何你觉得能协助女性自保的用具。

一些供你参考的建议

1. 不论这个节目将来会不会转售他人，试播期间，你都应保留所有权。

2. 若要出售，便采用成套交易的方式，必须继续聘用你原本的节目助理。

3. 如果不违反政策的话，除了参与录制的女性，我建议你另找人扮演袭击者，这样你在节目中就只负责授业，而他们则负责演示。当然，有时你也需要和袭击者搭档，示范一下正确的防卫技巧。

4. 委托你的律师咨询一下电影电视工会（Screen Guild），看看你的节目是否符合联邦的政策规章。记住，在与他人商议具体交易时，一定要先这么做。

旁的就不多说了，愿你一切顺利，早日把节目做成。若有什么新想法，我再给你写信。

倘使你能来西海岸试播，我应能助你一臂之力。

小龙

致李鸿新

鸿新：

　　名副其实的杰作啊！

　　老友，你真叫我佩服，不仅手艺精湛（向来数一数二！），更是思虑周全。

　　谢谢你，鸿新。

　　愿爱、和睦与兄弟情始终与你同在。

小龙

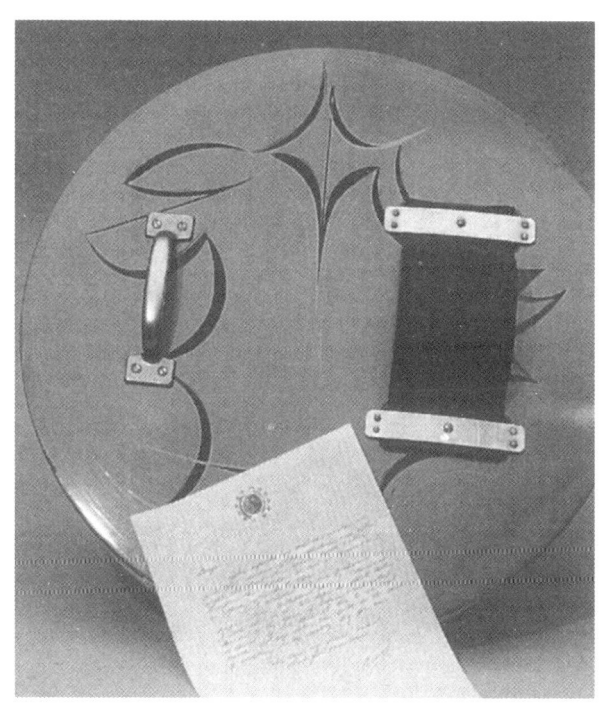

李鸿新按照李小龙的设计和建议制作的手持靶板。

致张卓庆

1970 年 2 月 18 日

亲爱的卓庆：

　　收到你的来信，我甚为惊喜。很遗憾你在人口统计局工作得不顺，希望你的下一份工作能顺风顺水。相信用不了多久，你便能找到称心如意的新工作。

　　至于你的朋友桑尼·何（Sunny Ho），若没有合法的身份证明（此乃就业必不可少之物），他恐怕没法长此以往地待下去。再者，波士顿远在千里之外，我委实力所不能及。

　　想必你还不知道吧，两年前我关闭了名下的三间武馆，自此一心投身电影行业、专注自我完善。为人师表确能丰富见闻，但光是旁观是不够的，你得身体力行；光是知晓也是不够的，你得致知于行。因此，现在我又回归原貌了——坚持锻炼，偶尔教些私教课。

　　另外，今秋我将前往印度拍摄与华纳合作的电影《无声笛》。该片以武术为题材，预计 72 年上映。故事脚本是我写的，你应该会喜欢。而后的剧本则是大家齐心协力的成果，主要由斯特林·西利芬特负责，他是好莱坞最具才情的编剧，曾创作了《炎热的夏夜》。

　　最后，请允许我再次送上最诚挚的祝愿，愿你前程似锦、一帆风顺。

　　谨致问候。

小龙

致琳达①

寄自瑞士，格斯塔德，1970年2月20日

琳达：

  这封信本早就该寄给你了。我随身带着一些美国航空信的信封，所以信早在日内瓦就已写好。但令人失望的是，美国邮政的信不能从瑞士寄出。因此，我又得另写一封。

  首先，这次的旅程相当累人。瑞士确与美国有着天壤之别，格斯塔德是富裕阶层的度假胜地。来这里的人，无一不是坐拥着好几套房产，他们称之为"瑞士小别墅"。今天我和罗曼去滑了雪，纵然我少不得摔了几跤，但大家都觉得我已掌握得相当不错。总之，尽管这无疑是趟难得的欧洲之旅，但也谈不上多么畅快。

  罗曼的几个朋友也和他住在一起，他们俨然是那种所谓的"喷气机阔佬"，几乎成天醉生梦死，显得有点傻里傻气的。罗曼不是在滑雪，就是在泡妞。好在镇上还有一个武痴，罗曼不在时，他就领我到处逛逛。总之，他们跟我不是一路人，这次我算是把这帮喷气机阔佬里里外外看了个透彻。

---

① 鉴于在好莱坞的发展迟迟不见起色，李小龙又重新开始教授功夫。但他认为大班授课不能充分发挥弟子的潜能，所以他教起了私教课。他收授的弟子既有能支付一小时275美金（一星期1000美金）课时费的富翁，也不乏一些中低收入人士，对于这些人，李小龙几乎分文不取，只因他们与他一样，真心想要"探寻自身的懵懂之源"。李小龙最富有的一位弟子当属电影导演罗曼·波兰斯基（Roman Polanski），其妻莎朗·塔特（Sharon Tate）也曾跟随李小龙习武。1970年，波兰斯基请李小龙前往瑞士格斯塔德继续教他功夫。

待回程时,我计划去趟伦敦,看望一下奀仔(Ngan Jai)①。对了,差点忘了,下星期二我本应去给塞②上课的,你千万记得给他打个电话,跟他说顺延一星期。

眼下已是晚上十二点半,我还没适应这里的时差,依旧作息紊乱。不管怎样,我始终牵挂着你,你无愧于一位美丽的贤内助。替我和孩子们打声招呼,但愿这封信能及早送达,别误了和塞改约一事。不论来不来得及,届时你都要给他打个电话或留个言解释解释。

爱你的
小龙

又及:我刚本想再重新给母亲写封信(之前也打算寄美国航空信),结果错把这个信封撕开了,误以为是那封航空信。

---

① 奀仔即胡奀(Wu Ngan),是李小龙家一位佣人的儿子,曾伴李小龙长大。多年来,李小龙的父亲一直对胡奀照顾有加、视若己出。他与李小龙年龄相仿,两人交情甚笃,一直都有来往。事实上,1971年,在李小龙和琳达带孩子们回港居住的那段时间里,奀仔及其妻儿也一并受邀入住,帮李小龙一家料理家事。
② 即塞·温特劳布(Sy Weintraub, 1923—2000),美国电影电视制片人。——译者注

致琳达

寄自瑞士，格斯塔德，1970年2月23日

琳达：

首先，我一定要说一句：我非常思念我的妻子，我爱她。整日看着这些人在罗曼的小别墅里进进出出，我越发想念你的好。那帮喷气机阔佬简直无聊至极，成天陪着他们去夜店搞得我筋疲力尽。自从到这儿之后，缺眠少觉就成了我生活的常态，除此，还经常被丢在哪个阔佬家，枯等罗曼来接我，不然我就是想走也走不了。

简而言之，我委实厌烦了，非常非常想回家来。等我回来后，再接着跟你讲格斯塔德和住在这儿的阔佬们。

希望你已经收到我寄去的明信片和家书了。原本我还买了一张明信片，但装在大衣口袋里不慎被揉作一团了。

一旦有机会开溜，我就立马走人，但愿能在伦敦稍做停留和奀仔碰个面。总之，这里的生活就是一天到晚坐着不动，听那些吵吵嚷嚷的音乐，更为雪上加霜的是，我还长了一个冻疮……

不过，我会试着随遇而安的，你不必为我的烦恼担心。这里到底还是有几位我可以与之交流的"正常人"，他们为人友善，均是空手道爱好者。

爱你的
小龙

致琳达

寄自瑞士,格斯塔德,1970年2月26日

琳达:

连日的严寒和缺觉终于给了我一记下马威——我患上了流感,身子虚弱得紧,更何况每天还要教两节功夫课。幸好这次不似以前在香港病得那么厉害,医生昨晚来过了,开了些药。现在除了教课,我便不分昼夜地卧床休息,病情正在逐日好转。

我大概星期二回来。总之,一到纽约我就给你打电话。希望能尽早回来,这里室内热室外冷,简直受不了。罗曼待我甚厚,但他那种很晚用餐又经常熬夜的生活方式,我实在难以适应。

好了,我累了,想去休息了。

盼望早日见到你。

爱你不渝的
小龙

致琳达

寄自瑞士,格斯塔德,1970 年 2 月 27 日

琳达:

大家都出去滑雪了,屋里就剩了我和厨师瑞克(Rick),他的厨艺相当不错。总之,我想告诉你我已康复,不必担心。前几日确实有些虚弱,但现在又生龙活虎了。

我明天动身去伦敦,打算在那儿待个两三天,买双靴子,再去看看奀仔,也想趁此机会游览一番。届时我会借住罗曼家,他的一位朋友(也是名导演)应该会来接我。如若不然,我就得自己搭公交进城,然后再打车去罗曼家。

我真的归心似箭,这点绝对毋庸置疑。但我还是觉得理应去趟伦敦,毕竟此前从未去过,而这又是个不容错过的好机会。不管怎样,我委实很想你。

我已经写信向吉姆[①]解释过了,罗曼不远千里请我来做客,我自当多留一阵。但愿他和斯特林仍在全力以赴地改写剧本。

等我回去后,还有很多精彩的故事要告诉你。总之,见识了出入这里的各色人等,这趟远行也算值得。

经此一行,我确实对罗曼有了更深的了解,我以为这对我将来的发展会有所帮助。即使不然,那我起码也结交了一个朋友、收授了一名弟子。而他也借此提高了自己的武艺。

我预计三月三日星期二回家,不过罗曼倒是希望我能一直待下去。

[①] 即詹姆斯·柯本,吉姆(Jim)为詹姆斯的昵称。——译者注

好了，亲爱的，保重自己，代我跟国豪打声招呼，再替我给香凝一个吻。

爱你们！！！

致琳达[1]

寄自香港,九龙,1970年3月29日晚上7点

琳达:

国豪托我先把他的信转给你:

"玫瑰是红的,紫罗兰是蓝的,糖是甜的,你也是甜的。"[2]

我们三分钟前刚到……我要去用耳机听卡通广播了……

这下该轮到我了:国豪在这边适应得不错,享尽了一切优待。他已经连续四晚没有尿床了,当然也没用尿布,不过,不知他能坚持多久……

不论去哪儿都有人认出我来,叫我李小龙或"加藤",若我再换身打扮、带上国豪,就更是如此了。

除此之外,每天托我办事的人也不在少数,不是想投资美国

---

[1] 1970年,李小龙携五岁的幼子回港探亲,并写信分享这次乐趣横生的父子之行。
[2] 原文语出一首英语童谣。——译者注

娱乐业，就是想移民美国，又或者有意进军演艺圈。

国豪只肯吃西餐，而且非常喝不惯这里的牛奶。对于他的日常饮食，我已特意叮嘱过家里，但那些小零嘴总有办法偷偷跑进他肚子里去。他见谁都要显摆一下身手，简直玩得不亦乐乎。不过，我俩都甚是想你。

爱你不渝的
小龙

致琳达

寄自香港，九龙，1970年4月2日上午10点

1970年4月1日

琳达：

  我收到了你写于"星期六晚上"的回信。国豪现在很乖，就连他刚抵港时不爱吃饭的毛病也渐渐解决了。今天就跟你说下我们的"日常生活"吧。

  我们一般六点左右起床，然后一起冲个澡。我俩睡一间房，而他当然还是会爬上我的床，满嘴"我——我！"[1]地叫我。对了，我刚才也替你给了他一连串热烈的"我——我"呢。之后我就去吹头发，他则去穿衣服。收拾停妥后，我们就一道外出吃早餐（这是每日惯例）。他可乐意跟着我母亲出门了，原因想必你也猜得到——他现在几乎什么玩具都有了。

  母亲对我也关怀备至，买了一大堆极好的礼物送我。但愿美国海关别让我补税才好。等我带回来给你看。对了，其中有一组12人份的瓷碟套装尤为漂亮，是广西产的，那里盛产瓷器。秋源[2]不得不单独帮我拿这些碟子。你就等着看这些好东西吧，迄今我还分文未花呢。

  你的衣服都按你信中的尺码买好了。届时可能要麻烦秋源帮我把它们带过边检，我的行李箱内已塞满了唐装，怕把你的女装

---

[1] 据琳达·李·卡德韦尔解释，国豪小时候一旦想要吸引谁的注意，就会跑上前去兴奋地叫嚷"我——我，我——我！"（me—me, me—me!）。
[2] 即李小龙的长姐李秋源（Phoebe Lee），生于1938年。——译者注

1970年,李小龙与国豪准备登机去香港前的照片。

弄乱了。

我经常和谢先生一道出去喝茶。曹太太的婆婆近日病危,她现在成天守在医院。

若时间充裕的话,我可能会上上电视节目,好些电视台都向我发来邀请。

我想,不,我相当确信,这趟旅程令国豪获益匪浅,他自然也开心得很。你不在身边,他当然就经常缠着我高喊"我——我",而我也乐在其中,能与你们共度此生,我何其幸运。你是最好的妻子,尽管天性使然,我不常挂在嘴上,但我的确非常爱你。

我爱你。

小龙

致琳达

寄自香港，九龙，1970年4月4日上午10点

1970年4月3日

琳达：

国豪又给你写了一首诗：

"万岁！万岁！今天五月了！"

我们才从游乐园回来，李国豪小朋友简直乐不可支。除了强迫他吃东西外，其余时间他都玩得很忘我。他现在非常听话，人见人爱。我每天都花大把时间陪他，而他也依旧"很乐意"跟着我母亲出门。

从下星期起，我将参加两三档香港的电视节目，节目组的人都很尊敬我。我在这边也过得很愉快，因为每天都能和朋友们（谢先生、吴先生[①]等人）一道喝茶聊天。

那个希腊人来信了，恳请我去巴黎教他一星期功夫。但我很确定，近期我都不会远行，我已经厌倦四处奔波了。

鉴于下星期二要录制电视节目，自今晚起，我要开始在邵先生的武馆做些塑身训练。最近我每天都起得很早，主要是拜时差和儿子的"我——我"所赐。

我非常期盼能早日回家，至于国豪，虽是一副乐不思蜀的样子（忙着玩玩具、观光等），但我相信他也一定很想你。他现在已全然把我当作唯一的"我——我"目标了。

[①] 谢先生和吴先生都是李小龙童年时代的粤语电影明星。

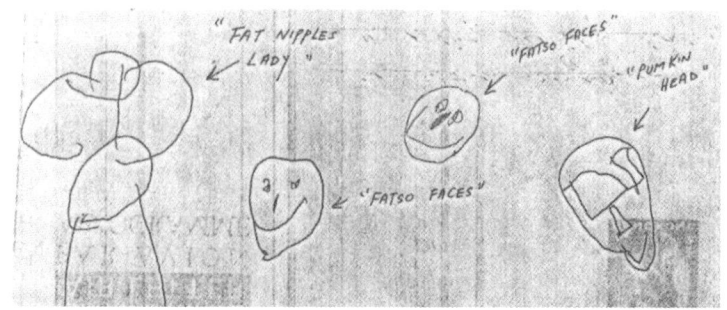

1970年4月3日,李小龙在寄给琳达的信中附上了这张纸片,纸上是国豪的涂鸦以及李小龙的配字。

我们父子两个相携相伴过得其乐融融,也盼着你早日加入我们。

珍重,爱你,还有我的小姑娘香凝。

爱你的
小龙

致琳达[①]

琳达：

　　我本应等你下班回家，但最近几日我的腰痛始终不见好。希望下个月一过，你就不必再外出工作了。

　　愿否极泰来。

爱你的
小龙

[①] 1970年，李小龙腰伤严重，此时的他在好莱坞既无稳定工作，又碍于伤势不能练武，琳达唯有晚上去打工，以此补贴家用。李小龙素来认为养家糊口应是他的责任，由此，这种情形无疑令他非常痛苦。这张便条正是写于这一时期的某个夜晚。

致香港九龙的汉密尔顿·李（Hamilton Lee）

亲爱的汉密尔顿：

很长时间没有与你通信了。我母亲与振辉都到美国来了，他们说在香港时倒是经常与你照面。

上次我回香港你恰巧不在，所以也一直没机会见你。一切可好？

我现在在美国拍电影，进展不错。前次返港，我以前的作品大受欢迎，究其缘由应是我对功夫片的深刻理解所致。这种理解始自两方面：其一，我从美国电影业内学到了很多东西；其二，我对武术自有一番见地。

因此，我在考虑回香港拍部电影。我个人自是满心热忱，但很可惜，总受人利用。我相信若我回港拍片，必能大获成功。可遗憾的是，截至目前，所有的邀请无一不是：

1. 谣传
2. 空头支票
3. 欺诈

为什么全香港就找不出一个真诚地道之士，能凭借自身的远见卓识开拓进取呢？

难道真是无商不奸？

致李鸿新

1970 年 12 月 22 日

鸿新：

  特意写信来谢谢你及时寄来了护垫。

  另外，那个拳靶我也已转交迪尔格达，他向你表示感谢。等我空了就把你的地址给他，他很想亲自来函致谢。

  那么，朋友，祝你圣诞快乐，来年硕果累累。

  再次真挚地感谢你。

  谨致问候。

小龙

GOLDEN HARVEST (HK) LIMITED
1412, Tung Ying Bldg., 100, Nathan Rd., Kowloon, Hong Kong

Tel. K-672144 (4 Lines)
Cable Add. "GOLDENSUN"

October 28th, 1971

Mr. Ted Ashley
Warner Brothers Studios
Burbank, California
U.S.A.

Dear Ted,

    I have talked to my lawyer Mr. Adrian Marshall about Warner's proposal. Since we are friend, I have chosen to write you directly.

    In addition to our agreement we feel:-

(a) that I should have a minimum of 4 months off a year to make features in Hong Kong

(b) that I should have a participation in
    (1) The T.V. series itself
    (2) merchandizing.

    Shooting is running smoothly here and the last picture I made in Thailand has just been released and is on its way to break all records in Hong Kong— damn the torpedo, full speed ahead!!

    Take care and best regards to Linda.

                                    Peace

                                    Bruce

第四部分

一颗冉冉升起的新星

（1971—1972年）

一九七一年

致爱妻琳达[①]

寄自印度，1971年2月

琳达：

我正和斯特林（西利芬特）、吉姆（柯本）一起乘车穿越印度，在车里给你信来着——我们大概还得在这辆卡罗车（Caro）里坐上16个小时左右，加之先前在航班上的久坐，我的腰真有些不堪重负了。不过，夜间我通常不会再为疼痛所扰。

不管怎么说，这于我而言都是一次宝贵的经历。但愿电影拍摄期间你能过来探班，就现在看来，似乎问题不大。同时也希望届时我母亲不用工作，好在家照顾孩子们，毕竟印度这地方不大利于小孩健康成长。

看样子你可能会去趟伦敦，到时候我尽量给你安排个司机，方便你在那儿待上一两天，逛逛街之类的。

[①] 1971年1月29日，李小龙从洛杉矶出发前往印度，为他筹拍的电影《无声笛》探寻合适的拍摄地。与之同行的是他的两个弟子，好莱坞巨星詹姆斯·柯本和奥斯卡最佳编剧奖得主斯特林·西利芬特。一行人于1971年2月1日星期一抵达印度新德里，并于1971年2月11日星期四正式选定拍摄地。整趟行程为期十日，李小龙在横越印度沙漠地带的途中，见缝插针地写下了这封信。

在印度为电影《无声笛》选景途中一次短暂的休憩。照片中的人物从左往右分别为：西利芬特、李小龙、柯本和他们的向导。

从美国而来的一行三人受到了印度东道王的热情款待。照片中最左为西利芬特，中间是李小龙，最右为柯本。

眼下，我们正朝沙漠进发（已经开了4个小时了），天气越发炎热。当然，入夜自是会凉爽许多。

我们之前在斋普尔①歇脚，入住了一间由宫殿改建而成的酒店，我们的客房原是皇室寝宫，整座宫殿绵延两英里②——余下的等我回来再跟你细说。

好了，我就此搁笔了，在车里写信弄得我有些不舒服。路况简直"糟糕至极"！在这里开车俨然是场"噩梦"——等你亲自过来体验了便知。

---

① 斋普尔（Jaipur），位于印度北部的一座古城，拉贾斯坦邦首府。——译者注
② 约3.22千米。——译者注

致冯天伦[1]

天伦：

我已收到了你寄来的皮尔斯的书[2]，待会儿就开始读。

《无声笛》的筹拍工作进展顺利。虽然在选定拍摄地上碰到点麻烦，但应该很快就能确定正式开机的日子。

此外，更令人兴奋的是，我可能还另有一些发展机遇，等时机成熟了再告诉你详情。

你寄来的"绘画教程"[3]，我一定物尽其用，其实我还曾想过去上辅导课，但既然你有教程书，那就得了！

碍于我的腰伤，我不得不承认我现在的状态并非特别好。不过，我创立的截拳道不可一概而论——人于逆境中顿悟更高境界，恰似狂风骤雨后，草木长势愈发葱翠。我越来越同情那些被无知和偏见所蒙蔽的武师。

一旦得空，我便会替《黑带》杂志撰文。不久前的印度行委实把我累得够呛。最后，希望你送我的书能让我好好学习学习，若你日后有什么需要的书籍，也请尽管跟我开口。

我得出门了。代为问候你的妻子，保重。

小龙

---

[1] 这封信并未注明具体日期，但多半应写于1971年3月或4月。（1971年9月出刊的《黑带》杂志提到过信中的内容。）
[2] 即格式塔疗法的创始人弗雷德里克·皮尔斯（Frederick Perls）的著作，李小龙的书库中珍藏着好几本他的作品。
[3] 冯天伦给李小龙寄去了五册绘画教程书。

致李俊九

俊九：

请接收来自洛杉矶的问候。这里与美国多数城市无异，商业也不景气。请不要误会，我这么说并非是出于悲观，虽然事实如此，但我们也和其他人一样，能够选择自己的应对之策。俊九，试问，你会将自己逐梦路上碰到的障碍变成垫脚石吗？又或者，你选择任由那些消极、忧虑和恐惧的情绪悄然占据你的思绪，从而将障碍变为绊脚石？

相信我，欲做大事、成大业，总难免遇上一些大大小小的阻碍。这些障碍本身无足轻重，唯有你应对障碍的方式最为要紧。除非你自认失败，否则根本就不存在失败一说，但请万勿坐以待毙到如此地步！

朋友，好好回忆一下过去吧，想想那些愉快、满意且有收获的历程与成就。至于现在？请视之为挑战与机遇，你完全有能力凭借自身的才能与干劲取得相应的回报。而未来，你所有珍贵的志向都将尽在你的掌控之中。

你似是很容易将大把精力虚耗在焦思苦虑和杞人忧天上。记住，朋友，要尽情享受你的计划和成就。生命短暂，承受不了太多消极的能量。

受累于印度之行，我的腰伤还未痊愈。与华纳合作的《无声笛》仍在筹备之中。我们正在等待进一步的安排，不出十日应该就会接到通知——批准新预算、组织下一次外景考察之旅等等。除了《无声笛》，我还将在下一季新推的一部电视剧《盲人追凶》（*Longstreet*）中客串一个角色。此外，要是试镜通过的话，我还会（作为三大主角之一）主演另一部电影，这事大概也是十天左右出消息。

当然，烦躁的是我现在就想做点什么！所以我萌发了一个拍电视剧的点子①，能否成真近两星期也会出结果。与此同时，我还在积极落实另一个想法——回香港拍电影（中国电影）。所以行动！行动起来！不要把精力浪费在焦思苦虑或消极的念头上。你看，还有谁的工作能比我的更没着没落呢？我的生存动力是什么？我相信自己的能力，我能行。我的腰伤着实折磨了我整整一年，但祸兮福所倚，生活中的打击无疑是一记警钟，提醒我们不要被一成不变的日常磨平了斗志。②看看暴风雨吧，雨过天晴后，万物生机勃勃！

切记，忧思缠身之人，不仅无法从容应对自己的问题，他那惴惴不安、烦躁易怒的心态，还会连累周围人。

总之，千言万语汇成一句话：去他妈的鱼雷，全速前进！！

以上，来自一位腰部受损、但却研究出了一种强有力的新腿法的武师！

李小龙

---

① 李小龙想拍的这部电视剧他命名为"武士"（The Warrior），最终出品时更名为《功夫》（*Kung Fu*）。但是，华纳兄弟影业的众位高管认为李小龙太过"亚洲化"，不适合领衔主演一部"美国"（李小龙是美国国籍）电视剧，所以最终改由白人演员大卫·卡拉丁（David Carradine，1936—2009）主演。
② 1964 至 1970 年间，李小龙曾多次伤及腰部。其中最严重的一次损伤（或者说是旧伤复发）是一次负重训练所致。当时，李小龙因一时疏忽，没有充分热身，便直接进行了一次非常剧烈的腰部练习，结果伤及了腰部第四骶神经。医生说他以后再也不能练武了，但他始终不屈不挠，最终不仅恢复了以前的身手和身体素质，而且还更胜以往！不过，自此，他的余生一直饱受腰痛的折磨。

致拉里·哈塞尔[①]

1971 年 6 月 6 日

亲爱的拉里：

你髋部的伤如何了？愿你多保重自己。

这个月月末我要参与一部电视剧的拍摄，剧名叫《盲人追凶》，是今秋即将推出的新剧。我参演的那一集名为"截击拳头之道"（The Way of the Intercepting Fist）[②]。

《无声笛》暂时还没什么新动静——迟早会有进展的，不过是时间的问题。我正在筹拍一部新的武术电视剧，希望能尽快落实下来，有消息再告诉你。

下一期《黑带》杂志的封面人物是我。有空买来看看吧，没准你会觉得很有趣。

虽然我从未见过你的家人，但也请替我带声好。

保重，朋友。

李小龙

若你自认败北，那你已败。

若你自认不敢，那你势必不敢。

若你想赢又自认毫无胜算，

[①] 拉里·哈塞尔（Larry Hartsell，1942—2007）是李小龙洛杉矶唐人街武馆的弟子。1970 年 10 月，哈塞尔遭遇了一场车祸，髋部受伤。李小龙曾先后五次去医院探望他，后来还特意写了这封信鼓励他。随信附上的诗对曾同样经历过受伤恢复期的李小龙意义重大，当时他因为一次严重的腰伤差点终结了自己的武术生涯。他将这首诗打印出来，装裱后悬挂于办公室内，每当身体、经济或事业上遭遇重创时，他便会用这首诗激励自我。

[②] 即截拳道。——译者注

那几乎可以断言你与胜利无缘。

若你自认会输,那你已输。

放眼世间,

成功始自意念,

一切由心而造。

若你自认屈居人后,那你已落后。

你必须志存高远。

在有任何斩获之前,

你必先相信自己。

生活的战场并非总是青睐

那些更强更快的人。

而胜利

迟早属于——

相信自己能行之人![1]

---

[1] 李小龙在这封信中附上了他最喜爱的一首诗,全诗意在赞扬积极的思维方式在逆境中所表现出来的强大力量。李小龙将这首诗寄给友人是欲借此激励他,坚定他早日康复的决心。

致冯天伦[①]

1971年6月

天伦：

此次来函只是想跟你说一声，接下来四星期我会投入电视剧《盲人追凶》的彩排和拍摄，因此将变得相当忙碌。杀青后，我将即刻启程回香港待四个月，拍两部电影。所以，不得不取消华盛顿之行了。

小龙

李小龙与詹姆斯·弗朗西斯[②]在电视剧《盲人追凶》的片场进行排演。——摄于1971年

---

① 熬过了长达数月的经济困境之后，李小龙接到了电影制片人邹文怀（Raymond Chow，1927—2018）从香港打来的越洋电话。邹文怀表示他欲新成立一家电影制片公司，即嘉禾电影公司，希望能和李小龙签约两部电影。李小龙旋即意识到若能把握这一机会，在电影中自由地表达自我，他定能一展自身的表演天赋，成为一位炙手可热的演员。于是他接受了邹文怀的提议，两部电影仅收取了15,000美金的低片酬。
② 詹姆斯·弗朗西斯（James Franciscus，1934—1991），美国演员。——译者注

致冯天伦

1971 年 7 月 10 日

天伦：

我已完成了《盲人追凶》的拍摄——九月份播映，记得收看。我在里面演得不错。

事实上，派拉蒙公司电视部门的主管汤姆·坦南鲍姆①刚联系我说，要为我量身定制一档电视剧，并邀请我成为《盲人追凶》里的常驻演员。一切来得很突然，我都不知该做何反应了——想必这次我一定表现得相当出彩吧！？

星期日早上我就要飞回香港去拍那两部电影了——《唐山大兄》②和《大侠霍元甲》③——简直令人难以置信，对吧！！我总共会在香港待四个月。

等我回来后也依旧忙碌，《无声笛》可能要正式开机了，还要与弗里德·维特博④合作拍摄另一部电影，而至于派拉蒙公司预备筹拍的那部电视剧，我留港的四个月期间也会继续跟进——一定要打造出一部功夫大片。

再有两日我就要走了，还有很多东西亟待准备——就这样吧，我只能说我真是时来运转了。

小龙

---

① 即美国制片人托马斯·戴维·坦南鲍姆（Thomas David Tannenbaum，1932—2001），从业四十余年，曾担任过米高梅、派拉蒙、环球和哥伦比亚等多家电影公司的执行总监。——译者注
② 《唐山大兄》（*The Big Boss*）是李小龙为嘉禾电影公司拍摄的首部电影。
③ 《大侠霍元甲》（*King of Chinese Boxers*）后因剧本调整，更名为《精武门》（*Fist of Fury*），并于 1972 年在港首映。——译者注
④ 弗里德·罗伯特·维特博（Fred Robert Weintraub，1928—2017），《龙争虎斗》的制片人。——译者注

致琳达

寄自泰国，巴冲，新湾仔酒店，1971年7月24日中午12点

琳达：

曼谷是个好地方，但巴冲就不尽然了，蚊虫肆虐、蟑螂遍地。不过，之前一直没给你写信，主要是因为没找到寄信的渠道，除此，还碍于我出了个严重的事故——当时我正在清洗一块超薄的玻璃，结果不慎捏碎了那玩意儿，右手划了一道极深的口子——这着实是我伤得最严重的一次，整整缝了十针才作罢。

尽管上星期不论是写信、洗澡还是干吗，都甚为不便，但你也不必太担心，不出两三星期我肯定能痊愈。

虽然我还在等他们批准你们过来探班，但其实我相当肯定这事绝对不会有问题。为了报销你们的旅费，他们让我录制一段截拳道的短片。虽是如此，但我现在的身体状况不宜拍片，料想他们也不会强加于我，因为自从我来这儿后就一直电话不断，所有人都千方百计地想联系我，邵氏兄弟电影公司也不例外。毫无疑问，我在香港俨然是个巨星。最近整座香港城都在刮台风，所以你们过来探班一事，我还没能跟老板邹文怀确认。我现在没法往美国打电话，这里的通讯信号委实糟糕。

手上有伤，近来写字一直很费劲——现在好多了——我每天都在服用维生素片，但体重还是降到了128磅[①]。我已渐渐适应了这里的环境——蟑螂仍是个老大难的威胁，不过蜥蜴我已见怪不怪。总之，只是想让你知道，我想念你们、爱你们，盼着你们

[①] 约58公斤。——译者注

早日过来。但愿他们不会为此为难我,虽然我觉得应该也不至于。

保重,亲爱的。详细情况,我会再给你写信。

送上爱与吻。

小龙

致琳达

寄自泰国，巴冲，新湾仔酒店

琳达：

想必在此之前你应该已经收到了我的电报或电话（要是能打通且信号清晰的话）。首先，派拉蒙公司发来电报，要我给汤姆·坦南鲍姆打个电话——前提是信号较强的话。此外，我们这儿新来了一个导演（是个贪恋浮名的家伙），接替了现任导演的工作。其实这也无可无不可，只要新导演有能力、肯合作就行。

对了，你直接来香港陪我怎样？等我安顿下来，咱们再好好合计一下。在此期间，你可以抽空备齐此行所需的一切文件。

尽管我人还没到香港，但相关的报道已是铺天盖地。我唯一放心不下的是那些报道是否真诚、真实，不盲目追求哗众取宠的轰动效应。

曼谷的食物很难吃，巴冲则有过之而无不及——镇上没有牛肉，鸡肉和猪肉也鲜少得见，幸好我随身带着维生素片。

我非常思念你和孩子们，真希望你们就在身边。这个镇子毫无可取之处，哪儿都不如家里好。期待能在香港见到你们。对了，你收到香港寄来的支票了吗？收到了记得跟我说一声，写信寄到巴冲即可。

亲爱的老婆、国豪和香凝，我爱你们。

小龙

又及：向大家带好。

致琳达

寄自泰国，巴冲，新湾仔酒店

琳达：

来巴冲已有十五天，我简直度日如年！碍于没有肉食供应，我午餐只得吃点罐头肉，无比庆幸自己带着维生素片。

我很想念你们，但你和孩子来巴冲确实不方便。这里相当落后，名副其实的一无所有。

我们拍的电影看起来很是业余。新来的导演代替了之前那位靠不住的老导演，但他也不过是个半吊子，还总表现得高人一等。

不论如何，我都希望尽早离开巴冲回曼谷，那里起码还勉强过得去。之后，我就飞回香港，为你们的到来做些必要的安排——翘首企盼你们母子三人的到来。

整日在极度恶劣的环境下（周遭尽是机器的嗡鸣、切冰的噪音等等）又喊又说的，我的嗓子已宣告报废，声音异常嘶哑！！总之，这里好比人间地狱。我的腰伤基本已无大碍，只是拍过打戏后还需多多休息。

我该去吃饭了，但愿能寻到点肉食。

爱你，亲爱的老婆。

吻你的
小龙

致琳达

寄自泰国，巴冲，新湾仔酒店

琳达：

  虽然几乎听不太清楚，但能和你在电话里说上一两句真是太好了。我失声了，也没法大声说话。总之，能在这个荒无人烟的地方听到你的声音，我已知足。电话里的另一个声音是国豪吗？

  我试着给汤姆·坦南鲍姆打过电话，但一次也没能接通，只有今晚再试试了。

  我在这边结交了一位朋友，他叫塔瓦塔奇·柯西克洛恩（Tavatachi Kosichroen）。你能在大学里替他找一本关于"镜头艺术"的手册吗？只要是涉及相机、电影制作等内容的手册都行。你拿到手册后，就寄往以下地址：

泰国
曼谷高速路大街10号
友谊村505室
塔瓦塔奇·柯西克洛恩先生（收）

  电影的拍摄进度加快了，拍摄效果也远胜之前。新来的导演虽不似罗曼·波兰斯基那号人物，但总体看来，他的确比前任导演更优秀。

  听你的意思，你们九月初就能来香港了吧，届时我去机场接你们。

  那么等我到了香港，再给你打电话。

最近大家都说我瘦了,但我一直在坚持服用维生素,自觉身体状况好多了——跟运动员一样健康!

保重,老婆。

爱你和孩子们。

小龙

致琳达

寄自泰国，巴冲，新湾仔酒店

亲爱的老婆：

除了十分不利于拍摄的情况，眼下，我们几乎不分昼夜地在加紧拍片，香港的电影公司很好合作。

另外，要是可行的话，咱们最好在十二月左右就把那3000美金的房款结清。原因有二：（1）就现在看来，若我九月份能回美国，那应该还可以从派拉蒙公司那儿赚点钱。（2）自从我接了这部片子后，香港的电影公司也随之名声大噪。我只希望咱们能延期付款。届时我应该能拿差不多1500美金回来。欠鲍勃和吉姆的那2000美金先暂且按下。《唐山大兄》越拍越顺利了，毕竟，按照香港的标准来看，新导演还算不错。

若能与派拉蒙公司达成合作，我就得直接从曼谷返美，如此一来就无法给我们的大儿子国豪买玩具了，未免有些可惜，是吧？

我跟你讲，在香港我简直就是超级巨星，配有专用的化妆品、休息椅，就连舒洁纸巾（Kleenex）都是独备一份。没错，我有强烈的预感，我定能在香港成为史无前例的大牌影星。只是为此，我还须精心筹划一番。

待我的电影在香港大红大紫后，今后我单部电影的片酬最少都要达到10,000美金，外加百分之十的分红，最后还得为咱们全家提供头等舱的往返机票、安排最好的住宿。

不日我就将从曼谷返美，然后咱们再举家回香港待两个半月，过圣诞节等等，让我们一起祈祷这一切都能一帆风顺吧。

李小龙与《唐山大兄》的导演罗维①在泰国巴冲拍片。

看来今年是个转折点,好日子就要来了。

爱你,我远方的妻子。

小龙

---

① 罗维(Lo Wei,1918—1996),演员、导演,《唐山大兄》《精武门》均是其导演作品。——译者注

致琳达

寄自泰国，巴冲，新湾仔酒店

琳达：

写这封信是想跟你说以下几件事：

1. 《盲人追凶》大获成功，只要我演的角色一出现，立马就能激起热烈的反响。

2. 因此，派拉蒙公司请我以常驻演员的身份再回去参与拍摄。

3. 这样一来，九月五日之后我可能要走一个月，然后再飞回来录制三四个节目之类的。等一切事毕，我们就带着孩子动身回香港拍摄第二部电影（《大侠霍元甲》）。

4. 当然，这个安排可谓一石二鸟，又多了一份收入。

5. 我已经给坦南鲍姆发过电报了，向他询问公司给我排的"档期"。

这阵子，坦南鲍姆正忙着拍摄《飞虎队》(*Tiger Force*)。

草草数语跟你汇报一下近况，看样子没准我们能一起在香港过圣诞——除非突发变故，但我觉得应该不会有什么意外。

爱你的

小龙

（也爱国豪和香凝）

致琳达

寄自泰国，巴冲，新湾仔酒店

现在你应该收到我的那封信了吧，我在信中说希望能延长贷款的还款期，或者退而求其次，不管怎样，暂且先不还向鲍勃和詹姆斯借的那笔钱。

我收到了派拉蒙公司发来的电报，摘了部分要点给你看看："作为特约演员签约，要求参与不少于三集的录制，每集片酬1000美金。拍摄时间为九月五日至九月三十日，单集的拍摄时长不超过三天……报销头等舱往返机票……请务必尽快回复，以便我方为你饰演的角色准备剧本。"

以下是我的回复：

"通常，我每集的片酬为2000美金，并兼任现场的技术指导。如能接受该报价，那我从九月七日至十月七日均可参与拍摄。请尽快通知我具体的日程安排。"

倘若派拉蒙公司真的赏识我，而我之前也的确演得不错的话，那我觉得不论一集是拍三天还是多少天，我的片酬起码都应涨到2000美金。

老实说，我发展的重心并非全在那边。以后的事谁说得清呢？总之，我对此相当肯定，你不觉得吗？人生在世，有时你是得能屈能伸，但这一次我怎么都可以退回香港拍戏。不管怎么说，如我真能为《盲人追凶》增光添彩，相信他们也会接受的。

本月十七日左右，我们就会返回泰国酒店，届时再给你写信——不论派拉蒙公司作何回复，都会立马告诉你的。

小龙

致琳达

寄自泰国,巴冲,新湾仔酒店

亲爱的老婆:

今天我已将电报发出去了。不过,坦南鲍姆要到星期一才会收到,除非公司周末也特别派了人值班。

总之,这就相当于我要为最终的反馈多等几日了。不论结果如何,我都会坚定自己的立场——是时候提升我的价值了。当然,这也关系到究竟是我先回去和你们会合,然后再一起去香港,还是你和孩子直接飞来香港找我。我觉得我们多半会遵循第一种安排,不仅有得赚,可行性也很高。到时见分晓。

尽管我必须承认我确实忧心着房贷,但我相信你一定能想出最佳的解决办法。我痛恨到处欠钱。

李小龙(中)与《唐山大兄》摄制组的合影。

不管怎样,我的演艺事业已逐渐起步了。我敢肯定,现在拍的这部电影绝对会一炮而红——再强调一次,时间会证明一切,到时见分晓。

明天开始拍最后一幕激烈的打戏,大概要拍三天,也就是说我们差不多十七日离开巴冲。等回了泰国酒店,我就给你发电报。

虽然我所处的地方堪比地狱,但我眼下的工作的确是我应做且爱做之事。

保重,亲爱的,我们很快就能团聚。

小龙

致琳达

寄自泰国，巴冲，新湾仔酒店

琳达：

　　明天和接下来的四天都将继续拍摄那场大规模的打戏。之后，也就是八月十五日后，我会回泰国酒店。如有变动，再通知你。

　　派拉蒙那边还是杳无音信。若迟迟收不到回音，离开巴冲前我会再给他们拍份电报。谁知道这事会怎么样呢？不过，有件事倒是确凿无疑，我们势必会在远东地区周游很久。

　　我非常想见你们，不论是在美国还是香港机场都行。今后，你们肯定能过来陪我的。告诉国豪，等到了曼谷，我会专程去给他买些玩具寄回去——除非和派拉蒙的合作谈崩了。

　　明天要拍大型武打镜头，今晚我得早些休息了。哎，成天拳打脚踢的，弄得我疲惫不堪。

　　爱你，亲爱的。

小龙

致琳达

寄自泰国，巴冲，新湾仔酒店

琳达：

明天可以休息一天，真是求之不得。从某种意义上说，待在像巴冲这样的地方，脑子里装的就唯有工作了。

暂时还未收到派拉蒙公司的回复，或许九月份再回去拍《盲人追凶》未免有些太迟了——到时见分晓。

能给我寄些你和孩子们的照片吗？未来看起来简直一片光明，无数的机遇在等待着我——天大的机遇。恰如歌中所唱："我们才刚刚开始。"

今天，我来来回回地先后三次往返片场。若拍摄进度没有落后的话，那接下来我们会去曼谷拍完最后的部分。

目前，派拉蒙公司仍未联系我。我有种预感，我九月份回剧组拍片的剧本，斯特林怕是完不成了。总之，不管是怎么回事，我其实也不太在乎，咱们李家人都正憧憬着未来的美好生活呢。

爱你，亲爱的，也向国豪和小香凝献上我的爱。

小龙

致琳达

寄自泰国，巴冲，新湾仔酒店

亲爱的老婆：

收到了你的第一封回信，很高兴你那边诸事无恙。没错，你、国豪和香凝要一起来香港。稍微带几件漂亮衣服即可，方便刚到的那几天换洗，回头你大可在香港尽情定做些中意的衣裳。

汤姆·坦南鲍姆发来电报，让我周末往他家里打电话，但巴冲这里的通信条件委实糟糕。所以我就此给他回了电报，换他打给我。倘若斯特林还不知道我在巴冲的地址的话，你记得跟他说一下。我们起码还会在这里待上两星期有余，然后再动身返回曼谷的泰国酒店。

嘉禾电影公司的态度现在相当摇摆不定，因为邵氏兄弟公司那边也打来电话、发来信函，希望我能转而和他们合作。为了巩固与我的合作关系，嘉禾这才同意接你们过来。

我有些忐忑，不知汤姆·坦南鲍姆究竟有什么话要说。要是好消息，我会再写信或拍电报给你。

香凝的如厕训练真令我惊喜——告诉国豪和香凝，我爱他们，届时我会去香港机场接他们。我担心到时候会有些记者围在机场，最好先给他们提个醒。

我已等不及想马上见到你们三个了——应该就在九月，或者八月也没准，连我也说不清楚，真是个疯狂的安排，对吧！？不管怎样，有件事我可以向你保证——不出意外的话，我们在香港一定会过得无比幸福。

李小龙经常思考如何才能提升香港电影的制作水平。

而现在，我只想说，能与你、国豪和香凝做伴，仍是我此生最大的幸事。

爱你们的
小龙

致琳达

寄自泰国,曼谷,泰国酒店,1971年8月23日上午11点

1971年8月22日

琳达:

  曼谷这边持续有些落雨,但愿不会耽误我们的拍摄进度。再过两个多星期,我就回来了。事实上,我已经预定了九月六日(劳工节①)的返程机票,846次航班,将于上午十点三刻落地洛杉矶。若有任何变动,我再进一步通知你,不然就是这一班。

  除了我自身的健康问题,我还有些担心镜海。希望他能尽快振作起来。

  最近我们天天都拍到深夜——从六点半直拍到凌晨四点。不过,曼谷起码要便利许多,但依旧蚊蝇猖獗!

  亲爱的,保重。

  爱你和孩子们。

小龙

---

① 美国的劳工节定于每年九月的第一个星期一,全国民众可以连休三天。——译者注

致琳达

寄自泰国,曼谷,泰国酒店,1971年8月23日上午11点

琳达:

为了能按时返美,我度过了地狱般的两日。我从高处跳到充气垫上时不慎打滑,扭伤了脚踝,伤得很重。开车去曼谷市区求医花了两个小时,结果又害我染上了流感(曼谷又闷又热,交通24小时都堵作一团)。总之,碍于我感冒发烧、浑身不适,拍最后一场打戏时我们用了特写镜头,我拖着伤腿坚持完成了拍摄。

现在我觉得好多了,除了脚踝还在疼之外,我在曼谷一切都好。如果行程照旧,那我们不日就将返回香港,在那儿再拍摄一天,六日我就能如期回来了。说真的,我们这边简直进展神速。

住在泰国酒店,我起码能在床上吃早餐,与巴冲全然两样。对了,我为咱俩选了一份"夫妻礼物"①,是个惊喜,为了庆祝我们的周年纪念日。你就乖乖等我带回家送你吧。

结婚纪念日快乐!我的爱妻!

爱你的
小龙

嗨,国豪!
等我回来就带你去玩具店。
爱你,儿子。

老爸

(又及:替我亲亲妈妈和香凝,好吗?)②

---

① 这份"夫妻礼物"是李小龙挑选的一对戒指。
② 李小龙随函附上了另一封简短的手写信,托琳达转交国豪。

致琳达

寄自泰国，曼谷，泰国酒店

琳达：

今晚本来也是要拍摄的，无奈下雨就此作罢。取而代之，改于明早七点开拍。

另外，和派拉蒙公司的合作，应该能让我们在香港待得更舒心。你不觉得吗？当然，我们得考虑一下报税的问题。

我打算找坦南鲍姆预支《盲人追凶》的片酬。因为看样子，我们要在香港过圣诞了。

如果时间来得及，有场戏我要回香港重拍一遍，大概需要两天，完事后，我立马动身回家。

没想到香凝都会造句了，委实难以想象。她现在一定成长了不少吧。我好像走了好几年似的。总之，很快你就能看到我送的七周年礼物了——名副其实的夫妻礼物。我差不多应该能拿1500美金回家——希望如此。

待一切都安排停妥后，你绝对会爱上这趟香港之旅的——诚心祈祷别再发生任何烦心事。

我给镜海寄了两封信，希望他会回我。我真有点担心他。此外，鲍勃这次可能会和我们一起去香港。

最后，亲爱的老婆，我还有一件重要的事想告诉你，越是四处周游，越是阅人无数，我便越是对你情有独钟。

爱你的
小龙

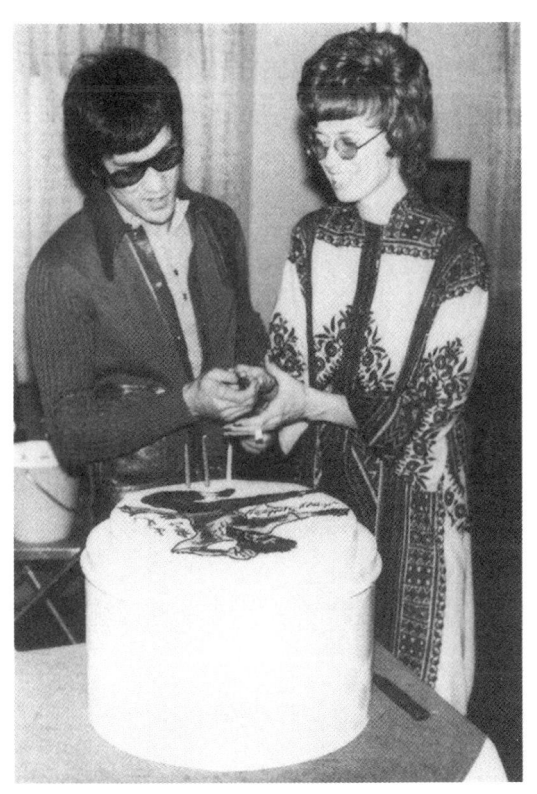

李小龙与琳达在香港庆祝李小龙三十一岁生日,蛋糕上的装饰图案正是李小龙在《唐山大兄》中的扮相。

致华纳兄弟影业的泰德·阿什利[①]

1971 年 10 月 28 日

亲爱的泰德：

我已经和我的律师阿德里安·马歇尔先生商讨过华纳的提议了。鉴于我们是朋友，索性就由我直接给你回函。

除了之前达成的协议外，我们还想补充两点：

1. 每年我至少应有四个月的时间回港拍片。
2. 我要参与电视剧的制作和影片的推广营销。

我这边的拍摄进行得很顺利。之前在泰国拍的那部电影刚上映不久，势头正猛，有望打破之前所有香港电影的票房纪录——去他妈的鱼雷，全速前进！

保重，代问琳达[②]好。

祝和睦顺遂。

小龙

[①] 泰德·阿什利（Ted Ashley，1922—2002）是华纳兄弟影业的董事长，偶尔也跟着李小龙学习功夫。
[②] 指泰德·阿什利之妻，琳达·阿什利（Linda Ashley）。

致泰德·阿什利

泰德：

　　谨以这封短信向你表示感谢，你能赏光出席会议，我不胜感激。

　　谢谢你，泰德。

　　代我问候琳达。

小龙

致泰德·阿什利

1971 年 12 月 16 日

亲爱的泰德：

接到公司对于《武士》一片的最终安排，我深感遗憾。你一个人自然不可能胜过他们所有人，但我管不了那么多了，眼下我一定要赢一次不可。

有几件事我想跟你商讨一下：

1. 华纳很清楚我作为一名演员的才能，而且身负人尽皆知的武术特长——我始终认为别具一格又酣畅淋漓的动作片完全足以吸引全球观众——再加上如今我在中国的影响力，我觉得华纳完全可以为我量身定制一个剧本，最好是电影剧本。

2. 我已与一位值得信赖的友人合开了一家电影公司（协和影业），非常希望能与华纳合作一些电影项目，或者由华纳在美国代为发行我们的电影亦可——就跟引进意大利影片《荒野大镖客》（*A Fistful of Dollars*）一样。

3. 根据华纳曾为《武士》一片向我做出的担保（担保的有效期为 71 年 12 月至 72 年 12 月），我想我应该能拿到 25,000 美金，请将这笔钱汇往我在香港的地址。

随函附上了一些剪报，不知你会否感兴趣，不过，最为重要是我的演技确已日臻精湛，而作为一个逐梦者，我的付出终将助我达成所愿。如能得到你任何客观公正的帮助，那我定感激不尽。

再次感谢你热心参与了《武士》的初期制作。

保重，朋友。请代我向琳达问好，愿一切顺利。

谨致问候。

小龙

一九七二年

致邵汉生[①]

1972年1月

邵叔：

我看了您十二月三十日的来信，感谢您特意寄来精武馆成立五十周年的纪念刊。

收到您的来信时，比武大会已然落幕，真是相当不巧。再者，近日工作压身，我也委实无法动身前往新加坡。当然，我个人实是很乐意参加这等武林盛会的。不过现在，大会都已闭幕了。

这么说似是有些不近人情，但我必须得再强调一遍，以上皆属我的肺腑之言。愿您能向新加坡国术总会（Singapore National Pugilistic Federation）转达我的歉意。

眼下，我正忙于筹拍一部自导自演的新片，旨在弘扬武术的哲学理念，期望能得到像您这样的老前辈的指点与支持！

最后，如有机会，我定当亲自前往新加坡，去向各位前辈请罪！

祝好。

李小龙

[①] 邵汉生之前写信来邀请李小龙出席在新加坡举行的武术大会，这封是李小龙的回信。可惜的是，邵汉生的邀请函到得太晚，李小龙未能如期赴会。

致泰德·阿什利

1972 年 3 月 22 日

亲爱的泰德：

请原谅我没有早点给你写信。我的第二部电影《精武门》近日刚刚上映，眼看又将再次刷新各项票房纪录……待奇迹成真时，我会再给你写信。

鉴于我们非常希望能与华纳合作拍片，眼下邹文怀先生和我都对手头的合作项目精挑细选、慎之又慎。

还有什么好说的呢？去他妈的鱼雷，全速前进吧。

谨致问候。

李小龙

致泰德·阿什利

亲爱的泰德：

很高兴能和你通话——不过听说你出了车祸，我很难过！愿你已在逐日好转。此次来函是有些事想和你谈，期待能收到你真诚而公正的答复。

目前，香港将会是我主要的发展中心，毕竟我的电影在这里取得了"不可思议"的成功，接二连三地打破了之前所有香港电影的票房纪录。

尽管可能会有人说，不同地区的观众偏好不同，但是，正如我来香港之前和你探讨过的那样，我依旧秉持着积极的想法，总有些东西在哪儿都能成功。毕竟，功夫就是功夫。如果华纳能着意打造我，那我敢肯定以我拍动作片的招牌，绝对能让那些异议者哑口无言。当然，自《盲人追凶》后，我又积累了相当丰富的表演经验，因为我不仅承担起了扮演主角的责任，更开始执导自己的电影了。

听我的合伙人邹文怀说，八月份奥布里（Aubrey）和聂婷（音译Net-ting）会来香港与我商讨合作事宜——多家电影投资公司都想请我出演主角。另外，这边还有一位美国独立制片人，也正与我磋商合拍几部全球上映的英语电影。

经济上，我很有保障，许多之前闻所未闻的合约都主动找上门来。泰德，我已成了华语影坛的头号影星，喜事接连不断。无论以哪里的标准来衡量，我都算得名利双收。我不希望你觉得我是在自吹自擂，因为历经了这段突如其来的意外转折后，我反复探索过自己的内心，发现在心灵深处我最珍视的是品质：以负责任的态度和一流的技艺竭力做到最好。

因此，泰德，从人与人之间平等交流的角度，我想言简意赅地说："我诚挚地认为我这副千锤百炼的身躯，加上坚信'我能行'的信念……"绝对能助我成功。而假若承蒙有人能公平公正地看待、支持我这个中国佬，那我的成就便会更加无可限量。

尽管我在这里享尽优待，但仍有一种无可磨灭的挫败感：与其他发达国家相比，香港电影业的拍片品质委实落后不少。而我对这种挫败感的真实解读是，这个中国佬迟早会声势浩大地打入美国市场。我保证，只要你能严谨认真地考虑一下此事，我们就一定能打造出双赢的局面。倘使我们有望达成合作，那么作为好友，就更是何乐而不为。

近几个星期，我应该还不会变换住地。不论如何，我都会将我的行程告诉华纳驻香港的地区经理罗伯特·陈（Robert Chan）。另外，有关这项合作的任何进展，罗伯特·陈也都会跟你保持联系。

非常期待下星期能收到你真诚且公正的决议。我现在的电话号码是K856576，除此，也可以打我公司的电话K250136，我已打过招呼，他们会替你转接。

请多珍重。

友
小龙

致"约翰"(John)[①]

亲爱的约翰：

你猜得一点儿没错，我才开完一场配音会议——就一个字，忙！！

真诚似是你的自然天性之一，虽然我们相处的时间不长，但我一收到信就立即着手回复你了：眼下，就时间安排来看，我确实没空教课，但若改日时间允许的话，我很乐意与你敞开心扉地聊一聊，充当行路人的指向标。

尽管我的经历会对他人有所帮助，但我坚持认为艺术——真正的艺术——是无法言传的。此外，艺术也绝非锦上添花的装饰品，相反，在尚未企及之前，艺术始终是个不断成熟的过程。

约翰，等我们有机会当面探讨时，你就会发现，你我的思考方式截然不同。在我看来，艺术，归根结底，是获得个人自由的一种途径。你有你的途径，正若我有我的方式。

因此，不论我们能否再聚首都请牢记，哪里有绝对的自由，哪里就有"活生生"的艺术。将所有训练抛诸脑后，令心智（如能诉诸语言的话，姑且称作心智吧）全然进入无思无想之境，最终破除我执、消泯自我，截拳道才能练至完美。

好了，我得去休息了，明日一早还有工作，完了还得去训练。仅以此寥寥数语，寄赠同行武师。

"仍在蜕变途中的"
小龙

[①] 收件人的具体身份不详，信上也没有注明日期，但信中提及的配音会议，多半是指商讨电影《猛龙过江》(*The Way of the Dragon*) 的配音。1972 年夏，李小龙对这部影片尤为上心，巨细无遗地监制了包括配音在内的全部制片过程。

致水户上原

1972年8月12日

水户：

你个混蛋！竟然寄来了"黑带群英殿"（Hall of Fame）[①]的奖匾，着实令我大为意外。面对这一头衔，我真不知该做何反应。事实上，记得我曾跟你说过，若有类似的票选活动，请不要把我列入候选名单。

坦白来说，这样的荣誉奖匾于我而言没什么意义。不过，作为朋友，出于常理，我还是要感激你，感谢贵刊的好意。我会把这块奖匾看作是对一位实干家真诚的认可。若我的反应不似其他获奖人那般热情高涨，还请原谅我的死板固执。现在你应该对我又多一分了解了吧。

读了你那篇报道我的文章，我有些五味杂陈。对许多人而言，"成功"一词好比天堂，但时至今日我已置身其中，结果也不外乎是换了一种环境罢了，而这种环境似是让我对简单与隐私的内心体悟更为复杂了。水户，之所以和你说这些，只因你我是朋友，我愿意对你"和盘托出"。

不论喜欢与否，我都不得不接受身处的环境。作为一名武师，一开始我心中也多少有些矛盾，但很快我就意识到，我需要的不是只会消耗自身的内心挣扎与无谓冲突，相反，我更应集中力量去适应环境，最大限度地利用环境。

[①] 即《黑带》杂志自1968年开设的一个栏目，用以表彰每年对武术发展做出了突出贡献的武术家和搏击家。李小龙于1972年以截拳道创始人的身份首次入选。——译者注

我一直很欣赏自己对高品质的执拗追求以及凡事力求做好的诚心，拜其所赐，我也不致误入歧途。在某种意义上，收获此等荣耀，我自是高兴，只是我现在仍处于不断成熟的过程之中，所以绝对不会任由"自命不凡的优越感"和"蒙蔽双眼的假象"摧毁我的所求。我已为此做好准备。

请相信，给你写信的这个男人正面临着"真正"的压力，而这一切自是说起来容易做起来难。说到底，名利不过是些梦幻泡影。所以且让它见鬼去吧，我要坚定方向，宠辱不惊地继续前行。

好了，我亲爱的朋友——近来"朋友"一词也成了稀缺品，成了一种令人作呕的游戏，双方都小心翼翼地吝啬着友谊——我甚是想念你，想念我们过去一起简简单单吃午餐的纯粹时光，想念我们曾有过的无数愉快的交流。

保重，祝你开心——但愿你仍在坚持慢跑，如今，那是我唯一的放松方式了。

小龙

致琳达

琳达：

我要去看一部由麒麟[①]出任技术指导的电影——没准又是块"月饼"（中国的说法，意思是无聊至极）。不管怎样，之后我都会去见见麒麟的导演，确保他不会为在剧本中添入我的一些意见而弄巧成拙——最终多半会由我亲自上阵演示该怎么拍。

这些天我一直在研究《南拳北腿》(*southern fist/northern leg*)的剧本，可以说已练至九重天。

如果我要和他们边吃晚饭边谈的话，就再给你打电话——虽然身上有点疼，但今天我仍打算去跑步。

爱你的
小龙

又及：你最好准备一下见见瑞景（音译Shui King）。

[①] 即中国演员陈元宗（Siu Kee Lun，即小麒麟，1946—1987），朋友们都直呼他"麒麟"。他是李小龙在香港的旧友，两人交情甚笃。与李小龙的父亲一样，麒麟的父亲也是一位粤剧演员。麒麟后来也参演了两部李小龙的电影，分别是《精武门》和《猛龙过江》。

致李俊九

亲爱的俊九：

我在香港拍的新片已改定于12月23日首映①。此外，我和邹文怀先生交换过意见了，尽管暂时未拿定主意，但我相信我们将有望推出一部名为《跆拳道》(*Tae Kwon Do*)的电影。

我个人认为，若你能成为拍摄跆拳道电影的第一人，那无疑是件天大的好事，而且还能为你争取到广泛的认可。

这事一有进展，我就再给你写信，另外，千万记得电影的午夜首映已改了期。

保重。

小龙

---

① 这封信没有注明日期，但应是写于1972年9月至11月间，因为1972年12月23日正是电影《猛龙过江》的首映日。

致麒麟

1972 年 11 月

麒麟吾友：

  有时，你一个人坐下来静静地听会儿音乐，不知不觉间你的意识便兀自展开了随想，武术的本源、生命的本源以及功夫片的本源，都渐次在你心中清晰地浮现出来。这三大源头进而合为一体，相互启迪，由此，你方能全方位地领悟个中真谛。

  当你用一双慧眼审度自己的人生时，无疑会更加了解自己（即是说，自身精神与肉体的力量全都暴露无遗），了解所有身外之物皆属虚影、浅薄异常。易言之，自知即自由。

  多言一句：内在能量与外在体力能引导你实现毕生所愿——将你生而为人的责任落到实处。

李小龙与小麒麟(右)讨论电影的拍摄要点。——1972年,摄于香港

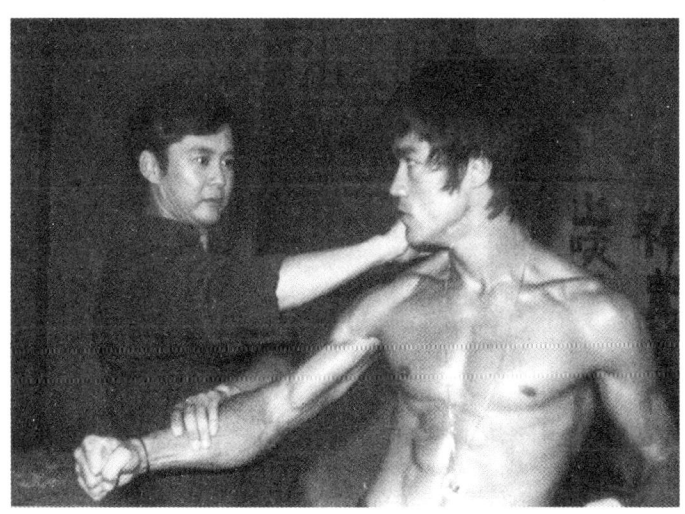

1972年,李小龙在电影《麒麟掌》(*The Unicorn Fist*)的拍摄现场与小麒麟(左)一起设计动作。

July 20, 1973.

Adrian Marshall
Suite 920, Century City
10100 Santa Monica Blvd.
Los Angeles, Calif. 90067
U.S.A.

Dear Adrian,

Will be arriving Los Angeles on Aug. 3rd, would like to sit down and hope you can leave open the weekend of Aug. 4th to 5th to discuss the followings:

1/ the deal with Hana Barbera

2/ Warner's proposition

3/ Titanas from Italy

4/ Andy's proposition from H.K. which I will explain to you when I see you in person

All in all, it will be a hectic schedule with television shows, United Press interview etc., spending one week in L.S. and leaving on Aug. 18th to New York for another week of publicity, maybe Johnny Carson Show and so forth etc. And then, my publicity tour will officially end on Aug. 24th and on Aug. 25th I will meet Linda at L.A., ready to come back to H.K. hopefully in one piece.

In the meantime, if there is any preliminary discussions that you can start without my presence, go right ahead. However, I would prefer you and I sit down first and discuss the whole plan of the income tax situation before we proceed on. Also, I would like to meet with you first before meeting with Raymond Chow and then both of us will hear him out. By the way, there are also other propositions of books, clothings, endorsements etc. At any rate, I will talk to you personally when I see you.

Take care my friend,

Very truly yours,

/Bruce/

PS: Looking forward to a sincere opened and honest relationship between you and I to really do something fair and square. By the way, SY Weintraub had just called and will be flying here to H.K., supposedly to have devised a super plan for me. At any rate, I won't sign anything until I and then maybe Raymond and/or SY sit down and we all talked. So get prepared!! See you soon.

第五部分

最后一年
（1973年）

一九七三年

致乔恩·严·李[①]

寄自香港，九龙，1973年1月9日上午10点

1973年1月9日

亲爱的乔恩：

接到万法电话的那天，我刚巧收到了镜海那个"招人爱的混蛋"的来信，冥冥中多么令人始料未及。

他给我寄了一张生日贺卡，上书"知交如你，世所罕见"。如今，教我何以为复？我失去了一位真正熟悉我……懂得我的密友。

镜海是我的弟子，更是朋友。不过，有一件事我庆幸至今，我们的友谊曾让我俩相互扶持着走过了多少人生的起落。他是个男子汉，我爱他。乔恩，你懂的，我也失去了一个兄弟，他的好与不好，我也一概敬之爱之。

[①] 乔恩·严·李（Jon Y. Lee）是严镜海的弟弟。李小龙从严镜海之子严万法（Greg）处得闻镜海去世的噩耗后，提笔写了这封信。早自1971年起，李小龙便越来越忧心严镜海每况愈下的健康状况，暗自伤感恐怕就要失去这个朋友兼截拳道同好了。

李小龙与周裕明（左）、严镜海（右）的合影，三人自20世纪60年代初就结下了深厚的友谊。

若有我能帮忙之处，请尽管开口。走笔至此，悲不能书。

小龙

又及：他是一个斗士。不论能否成功，他都始终拼尽全力！

致乔恩·严·李

乔恩：

  谢谢你体贴的回函，乔恩。镜海或许是固执了些，不过在我看来，他是个好人。他也许算不得十分圆润守序之人，但他从未有意伤害过谁。他的确有些脾气，但是非曲直，他自是清楚。

  我，李小龙，又经历了一次失去，而这次失去的，我将再无法弥补。

小龙

致李俊九

1973年2月9日

亲爱的俊九：

此刻，我正在邹先生的办公室里。我们两人都在等你寄来之前说好的那些弟子的照片。

我眼下正忙着拍摄华纳的电影，剧本一事，邹先生已令他的合伙人开始着手准备了。

所以，能否麻烦你把那些照片加急寄过来？如此我好把你对这个预备项目的建议和这些照片一起转呈邹先生。

我一切都好——不！应该说是"好极了"。我如今的情况你是知道的。顺利得一塌糊涂，我都快受之不起了。多保重你的膝盖，也祝你好运。身为一个韩国人，要是膝盖出了问题，那就全完了。①

诚挚问候。

你真诚的
李小龙

---

① 李俊九修习的韩式跆拳道最注重腿上功夫。——译者注

《死亡的游戏》(*The Game of Death*)的拍摄间歇,李小龙与合作制片人邹文怀(右)在片场交流。——摄于1972年

致泰德·阿什利

1973 年 4 月 22 日

泰德：

如今，找我拍片的邀约数不胜数，保管教你又喜又惊。

从追求实在、高效的商业角度来说，这次合作希望你我双方都能本着公平公正、互信互惠的原则——在香港与某些个人和企业合作拍片时，我曾有过一些不愉快的经历。换言之，我吃过亏，不愿重蹈覆辙。

我相信华纳即便不和我李小龙合作，也不会存在任何损失，而我这边其实也同样如此。因此，站在对等的立场上，不论是出于纯粹的商务关系还是别的什么，我都真心希望能在这次会谈中，看到一位真挚且真诚的朋友——泰德·阿什利。

归根结底，电影讲求的不外乎是追求品质、肯下苦功和富有专业精神，作为朋友，相信你一定会赞同我的这个观点。我在武术和表演两方面均有长达二十年的经验，如今已能不着痕迹地运用表演技巧真实、有效、巧妙地表达自我。简而言之，个中诀窍没有人能比我领悟得更透彻。请原谅我的直言不讳，但这确为我的真意！

因此，在这种情况下，我诚挚希望此番合作你也能拿出诚意来，行事绝不偏颇、公正合理。因为我们是朋友，所以我才愿意有钱不赚——差不多有近十位制片人急不可耐地想找我商谈——专程期待与你的会谈。泰德，你也看得出来，我的执念是一定要拍出史上最他妈（请原谅我粗鲁的用词）独一无二的功夫片。

最后，这次会谈我会给你我的真心，请你别只拿理性相对。作为回报，我，李小龙，将始终深切感激你的极力促成。

李小龙

致泰德·阿什利

泰德:

谢天谢地我和迪克·马（Dick Ma）谈过了，以下是一些新想法：

1. 我准备好要开工了——虽然同时还在筹备几个别的项目，但随时都可以出发，奔赴指定地点。

2. 我打算把《猛龙过江》的样片寄给你，麻烦你给点意见，看看是否可以在美国发行以及怎么发行。

总而言之，我现在闲得发慌，已经跃跃欲试了。

回头再给你写信，请设想一下我们合作的无限可能吧——绝对登峰造极！！

小龙

致木村武之①

1973年5月

武之：

生活总是好坏参半，现在你正该多关注其积极的一面。这的确不易，不过好在我们生而为人，拥有自我意志。如今，是时候动用意志力了。

生命是个流动的过程，途中难免会冒出些令人神伤之事——留下伤痕或许是无可奈何之事，但生命仍在继续，如滔滔流水，一旦止息，必生陈腐。朋友，请一往无前，因为每一段经历实则都是一种收获。另外，如有需要我帮忙之处，请尽管开口。

全力冲刺吧，毕竟镜海就曾如此活过。生活就是这样，美好有时，艰难有时。

保重。

小龙

---

① 得闻木村与妻子离婚的消息后，李小龙给他写了这封信。原始信函现已佚失，但20世纪70年代中叶出版的好几本书都曾先后刊载过这封信的内容。

致詹姆斯·柯本[①]

1973年6月13日

吉姆：

在洛杉矶时我就一直挺想你的，不过那套极为好看的衣服我落在你家了。希望你喜欢。这边一切都好。我和斯特林谈过了，我以为把《无声笛》交由你来负责更为合适。

电影首映时没准我会再回来一趟。华纳请到了曾为《肮脏的哈里》(Dirty Harry)和《碟中谍》(Mission Impossible)献艺的那位艺术家[②]，邀他来为《龙争虎斗》配乐。还有一个喜讯是，片子将会于暑期档在好莱坞中国剧院[③]放映。

祝好，沉住气。

小龙

又及：代我问候贝弗莉[④]。

[①] 美国演员詹姆斯·柯本是李小龙的亲传弟子之一，曾与李小龙、斯特林·西利芬特一道合写探讨武学更高境界的电影《无声笛》的剧本。李小龙在洛杉矶华纳兄弟电影公司参加了他最后一部电影《龙争虎斗》的初审后，便返回了香港，这封信正是写于这一时期。
[②] 即作曲家拉罗·西夫林（Lalo Schifrin）。
[③] 好莱坞中国剧院（Chinese Grauman Theater）位于美国好莱坞星光大道的核心地带，比邻杜比大剧院，是全美最著名的影院与旅游胜地。——译者注
[④] 即詹姆斯·柯本的首任妻子贝弗莉·凯利（Beverly Kelly），两人婚龄二十年。——译者注

李小龙曾打算在今后的电影中塑造一些鼎鼎有名的中国历史英雄人物。如图所示,他甚至还为此专门设计了一些古装戏服。——摄于1973年

致泰德·阿什利

寄自香港，九龙，凯悦酒店

1973年6月

亲爱的泰德：

　　写这封信是特为向你报平安，我这个"十八岁"的大小伙子已安全抵达。①

　　电影《龙争虎斗》的名字，请务必仔细斟酌斟酌。

　　1. 这条"独一无二"的中国龙（精神象征）使的可不是寻常香港电影中的那些花拳绣腿。

　　2. 借助适当的宣传，我们可以在银幕内外向公众强调，这条龙接连打破了此前所有的票房纪录——恰如你所言，"它大受欢迎"。

　　我由衷地认为这是个好名字，你可以再慎重考虑一下。所谓"龙争虎斗"，无疑暗示了片中将出现一位人杰。

　　时间紧迫，泰德。

　　另请记得将那两份剧本寄给我，我好研究研究。

　　诚挚问候。

李小龙

---

① 李小龙从美国返港后不久便写了这封信，此前他刚在美国做了体检，拿到了一纸"相当健康的证明报告"，报告称"他拥有十八岁的身体"。但可惜的是，三十天后他便因脑水肿而去世了。

李小龙在给泰德·阿什利的信中附上了他的手书繁体汉字"龍"（箭头所指）。在箭头下方的括号中李小龙写道"顺便说下，这是汉字'龍'"。

李小龙在《龙争虎斗》的片场指导剧组人员拍摄。——摄于1973年

致邵逸夫[①]

亲爱的逸夫:

截至目前,我九、十和十一月均有时间,在此三月间,应能与邵氏影业合作。

具体事宜,等我到了再行详谈。

李小龙

[①] 邵逸夫爵士(Sir Run Run Shaw,1907—2014)是邵氏兄弟影业(香港)的幕后掌门人。在李小龙协助嘉禾影业打响旗号前,邵氏集团一直称霸东南亚电影市场。自1971年起,邵氏集团就曾多次邀请李小龙加盟,但无奈李小龙于1972年与邹文怀成功达成合作关系。而一向有意丰富阅历的李小龙,也始终在考虑与其他制片方进行合作。这封信就传达了他想在1973年秋与邵氏影业合拍一部电影的意向。

致阿德里安·马歇尔[①]

1973 年 7 月 20 日

亲爱的阿德里安：

我将于八月三日飞抵洛杉矶，希望你能把八月四日和五日的那个周末空出来，咱们一起坐下来商讨一下以下事项：

1. 与汉纳·巴伯拉动画公司（Hanna Barbera）的合作
2. 华纳的提案
3. 意大利的泰坦纳斯（Titanas）
4. 香港安迪（Andy）的提议，这个等我到了再当面跟你解释。

总之，日程排得满满当当的，录制电视节目、接受合众社（United Press）的采访等等。我会在洛杉矶待上一星期，然后八月十八日动身去纽约，参加为期一星期的宣传活动，兴许会上约翰尼·卡森的《今夜秀》之类的吧。之后，我的这趟宣传活动将于八月二十四日正式落幕。八月二十五日，我会和琳达在洛杉矶碰头，然后就着手准备返港，但愿一切顺利。

在此期间，如有无须我出面的初步商讨，你可以先行处理。不过，相比之下，我还是更希望能先和你面对面坐下来，商量一下牵扯整个计划的所得税问题。另外，在与邹文怀会面之前，我

[①] 李小龙生前的最后一封信写给了他的律师阿德里安·马歇尔（Adrian Marshall）。这封信写于他生命的最后一日，并在他去世的几小时前寄出。碍于香港与洛杉矶相去甚远，这封信一星期后才出现在马歇尔的办公桌上。"在他逝世七日后收到这封信，感觉相当诡异。"马歇尔如是说，"然而，我认为读者可能会对李小龙生命的最后时期感兴趣，想知道彼时的他正面临着怎样的未来。"在信函中，李小龙概述了多项今后的商业提案和计划。据编者和马歇尔推断，这的确应为李小龙生前所写的最后一封信。

想先和你照个面,然后咱们再一起听听他的想法。顺带一提,我还收到了一些涉及出书、设计服装和代言之类的邀约。总而言之,见了面再跟你细说。

保重,朋友。

特此修函。

小龙

又及:期待你我之间能建立一段真诚互信的合作关系,光明磊落地做些实事。另外,塞·温特劳布不久前来电说要飞来香港,似是要专程来跟我谈个大计划。不论如何,在我们与文怀和/或塞面谈之前,我都不会签署任何文件。那么,就请你好好准备了!!再会。

尽管李小龙的成功来之不易,但他最关心的始终是要坚决保证作品的质量。这也解释了为何他的电影经久不衰,成就了功夫片永恒的经典。

李小龙生平年表

1940年11月27日	龙年龙时（辰时，早晨七点至九点之间），李小龙（本名李振藩）降生。
1941年2月	三个月大的李小龙首次登上电影银幕。
1946年	李小龙开始在香港拍摄他的首部粤语片，其年满十八岁之前，共计参演了二十部粤语电影。
1952年	进入香港天主教男子中学喇沙书院（La Salle College）就读。
1953年	正式师从咏春宗师叶问习武。
1958年	荣获香港恰恰舞比赛冠军。
1958年3月29日	进入香港圣芳济书院高中部就读。
1959年4月29日	离港赴美。
1959年5月17日	航抵旧金山。
1959年9月3日	抵达华盛顿州西雅图市。于秋季学期进入爱迪生职业技术学校就读。
1960年12月2日	从爱迪生职业技术学校毕业。
1961年5月27日	于春季学期考入华盛顿大学就读。
1963年3月26日	离乡四年后，首次回港探亲。
1963年8月	重返西雅图。1964年春季学期结束后，从华盛顿大学肄业。
1964年7月19日	于加州奥克兰开设武馆。
1964年8月2日	作为表演嘉宾，出席在加州长滩举办的国际空手道锦标赛。

1964年8月3日	奥克兰武馆正式开业授课。
1964年8月17日	于西雅图与琳达·埃莫瑞完婚。
1965年2月1日	龙年除夕,李小龙与琳达的爱子李国豪于奥克兰出世。
1965年2月8日	李小龙的父亲李海泉于香港逝世。
1966年3月	李小龙举家迁居加州洛杉矶。
1966年6月6日	电视连续剧《青蜂侠》开机,李小龙投入拍摄。
1967年2月5日	振藩国术馆洛杉矶分馆正式开业。
1967年5月6日	于华盛顿出席美国国家空手道锦标赛,并做示范表演。
1967年6月24日	于纽约麦迪逊广场花园出席全美空手道公开赛。
1967年7月	将自创的武术体系命名为"截拳道"。
1967年7月14日	受邀于洛杉矶客串出演电视剧《无敌铁探长》。
1967年7月30日	于长滩出席国际空手道锦标赛,并做示范表演。
1968年6月23日	于华盛顿出席美国国家空手道冠军赛。
1968年7月5日	担任电影《破坏部队》(*The Wrecking Crew*)的武术指导。
1968年8月1日	在米高梅电影公司投拍的影片《丑闻喋血》(后更名为《马洛》)中出演反派角色。
1968年10月1日	迁居洛杉矶贝莱尔区。
1968年11月12日	客串环球影业出品的电视连续剧《可爱的女人》(*Blondie*)。
1969年4月19日	李小龙与琳达的爱女李香凝于加州圣莫妮卡出世。
1970年	携爱子李国豪回港探亲。
1970至1971年	与演员詹姆斯·柯本、编剧斯特林·西利芬特合作构思武术哲学影片《无声笛》的剧本。
1971年	开始与华纳兄弟电影公司合作筹拍电视连续剧《武士》(后更名为《功夫》)。
1971年6月27日	客串派拉蒙影业公司出品的电视连续剧《盲人追凶》第一集。
1971年7月	赴泰国拍摄嘉禾电影公司的影片《唐山大兄》,该

	片打破了此前香港的电影票房纪录。
1971年12月7日	于香港接到正式通知,《武士》一片将改由美国白人演员大卫·卡拉丁主演。
1972年	于香港拍摄第二部由嘉禾电影公司出品的影片《精武门》,打破了《唐山大兄》的各项票房纪录,再创新高;于香港创建自己的电影制片公司——协和电影公司,并执导处女作《猛龙过江》,又一次刷新了香港的电影票房纪录。
1972年10月至11月	于香港筹拍下一部影片《死亡的游戏》的打斗戏。
1973年2月	停拍《死亡的游戏》,于香港为华纳兄弟电影公司拍摄剧情片《龙争虎斗》。
1973年7月20日	李小龙于香港去世,死于药物过敏引发的脑水肿。
1973年7月31日	李小龙的遗体下葬西雅图湖景墓地,他的各位友人和弟子史蒂夫·麦奎因、詹姆斯·柯本、丹·伊诺山度、彼得·秦(Peter Chin)、木村武之及胞弟李振辉共同为其护柩。

致　谢

感谢以下诸位为本书慷慨拨冗并提供了许多李小龙寄给他们的信札副本：琳达·李·卡德韦尔、木村武之、李俊九、拉里·哈塞尔、冯天伦、埃德·哈特、李鸿新、阿德里安·马歇尔。同时，在此也感谢那些允许将李小龙写给他们的私人信件发表在各大杂志上以及用其他方式与公众分享这些信件的人。

出版后记

"寻真便是要去问那些提笔写信之人。"所幸李小龙在其短暂光亮的人生旅途中勤于提笔,从而为后人留下了颇为丰富的文字遗产。在过去近半个世纪里,他的文章、草稿、笔记、书信、谈话录和采访稿等等,已陆续被整理结集,并率先在美国出版。但时至今日,李小龙的作品仍未完全被引进到国内,致使国内读者无以充分领略独属于李小龙的文字魅力和精神世界。近年来,我们致力于引进出版李小龙作品系列及相关书籍,旨在为读者们奉上精品,好让国人不会错过这位永远令同胞引以为豪的杰出榜样。

呈现在本书中的138封信札,在今天看来,乃是李小龙写给你我每一位正在翻阅它们的读者。因为,读他的亲笔书信,是认识他的最精简直接的方式,恰如他的截拳道所揭示的真理一般。在李小龙人生的几次重要节点,他都选择借书信向朋友袒露真心真意。

那么,朋友们,请悉心翻阅。

服务热线:133-6631-2326 188-1142-1266
读者服务:reader@hinabook.com

2020年5月

图书在版编目（CIP）数据

李小龙信札：功夫、表演和生命 /（美）李小龙著；
（加）约翰·里特编；李倩译. -- 天津：天津人民出版
社，2020.6（2022.9 重印）
 书名原文：LETTERS OF THE DRAGON:CORRESPONDENCE, 1958–1973
 ISBN 978-7-201-15856-3

Ⅰ.①李… Ⅱ.①李… ②约… ③李… Ⅲ.①李小龙
(Lee, Bruce 1940–1973) —书信集 Ⅳ.① K837.125.78

中国版本图书馆 CIP 数据核字（2020）第 046509 号

Letters of the Dragon: Correspondence, 1958–1973 by Bruce Lee(author), John R. Little(editor)
Copyright: ©1998 by Linda Lee Cadwell
This edition arranged with Tuttle Publishing/Charles E. Tuttle Co., Inc.
through Big Apple Agency, Inc., Labuan, Malaysia.
Simplified Chinese edition copyright: 2020 Ginkgo(Beijing) Book Co., Ltd.
All rights reserved.

本书中文简体版权归属于银杏树下(北京)图书有限责任公司。
著作权合同登记号：图字02-2019-277号

李小龙信札：功夫、表演和生命
LIXIAOLONG XINZHA: GONGFU BIAOYAN HE SHENGMING
[美]李小龙 著；[加]约翰·里特 编；李倩 译

出　　版	天津人民出版社	出 版 人	刘　庆
地　　址	天津市和平区西康路35号康岳大厦	邮政编码	300051
邮购电话	（022）23332469	电子信箱	reader@tjrmcbs.com
出版统筹	吴兴元	编辑统筹	王　頔
责任编辑	伍绍东	特约编辑	杨晓晨
营销推广	ONEBOOK	装帧制造	墨白空间
印　　刷	北京天宇万达印刷有限公司印刷	经　　销	新华书店经销
开　　本	889毫米×1194毫米　1/32	印　　张	8印张
字　　数	186千字		
版次印次	2020年6月第1版　2022年9月第2次印刷		
定　　价	48.00元		

后浪出版咨询(北京)有限责任公司　版权所有，侵权必究
投诉信箱：copyright@hinabook.com　　fawu@hinabook.com
未经许可，不得以任何方式复制或者抄袭本书部分或全部内容
本书若有印、装质量问题，请与本公司联系调换，电话010-64072833